La courte échelle

FRANÇAIS CE2

Jean-Claude Landier
instituteur

Frank Marchand
docteur en sciences du langage

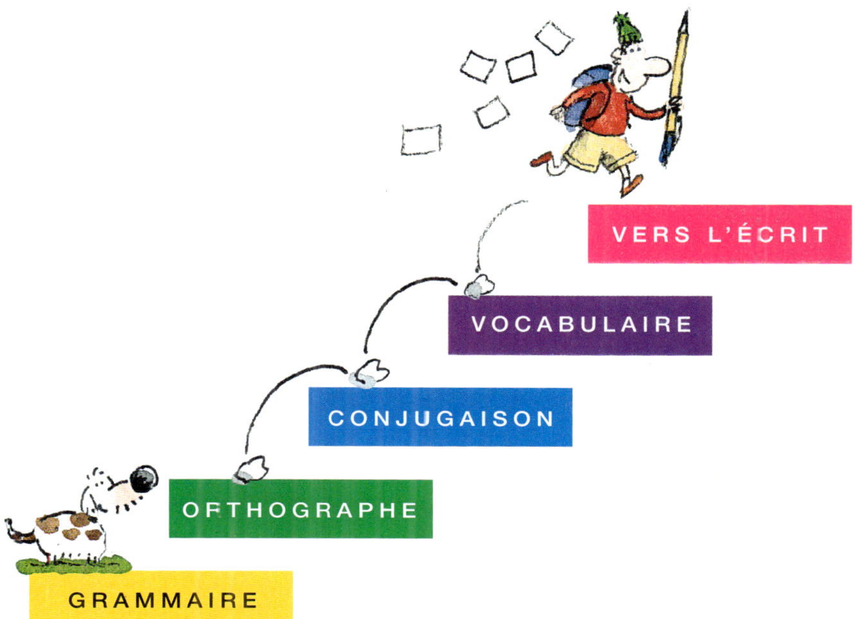

HATIER

Sommaire

© HATIER - PARIS FÉVRIER 2000 - ISBN 2-218 73018-9

Avant-propos

1. L'ouvrage *La courte échelle,* conforme aux nouveaux programmes, est orienté vers la production d'écrits. Il permet aux élèves d'acquérir le « vocabulaire spécifique » nécessaire « pour pouvoir parler de la langue et de son fonctionnement » mais fait en sorte que « la découverte de la notion précède normalement sa dénomination ». D'autre part, « la grammaire, le vocabulaire, l'orthographe ne sont pas une fin en soi, mais sont des moyens de mieux parler, de mieux lire, de mieux écrire et d'acquérir progressivement des outils de réflexion sur sa propre langue ».

2. *La courte échelle* vise le CE2 comme première année du cycle des approfondissements. À ce titre, des développements en caractères plus fins (signalés par le logo ⚠) et des exercices à deux niveaux de difficulté (signalés par * ou **) facilitent la mise en œuvre de parcours individualisés conformes à l'esprit de la réforme.

3. L'ouvrage présente une double cohérence :

• Cohérence dans la découverte de chaque matière.
Chacune des matières abordées (grammaire, orthographe, conjugaison, vocabulaire, « vers l'écrit ») possède sa propre méthode et entraîne une approche ordonnée.

• Cohérence dans l'articulation entre les diverses matières.
Chaque matière est complémentaire des autres et la maîtrise de la langue résulte de cette complémentarité. Cette dernière s'exprime dans le cadre de la semaine. C'est à ce niveau que se réalisent les renvois d'une matière à l'autre et que l'élève s'approprie sa langue comme un tout dont les parties sont étroitement solidaires.

4. Il permet l'évaluation des acquis et les actions de soutien.

À la fin de chaque période, est proposée une évaluation précise qui rend possible l'organisation d'actions individuelles de soutien. On peut avoir recours, pour cela, aux exercices de révision figurant après chaque bilan.

5. *La courte échelle* donne aux leçons de la semaine une solide assise textuelle constituée par un même récit sur lequel prennent appui les notions étudiées.

Les auteurs

N. B. : De nombreux thèmes abordés dans ce manuel sont repris dans le fichier *Je lis en silence*, collection « Objectif lecture ».

Va voir la suite p. 35

GRAMMAIRE

La phrase

Un jaguar très rusé (1)

Autrefois, près du village au bord du fleuve, vivait un jaguar très rusé. Quand un problème survenait dans la grande forêt, on faisait toujours appel à lui. Il arrangeait les histoires de famille et, en contrepartie, se faisait payer un bon prix. Tous les animaux des environs (...) avaient eu affaire à lui. Sa réputation avait même atteint les oreilles des hommes.

1. Combien de phrases comptes-tu dans ce texte ?
2. Comment as-tu fait pour les compter ?

Une phrase est une suite de mots qui a un sens.
Elle commence par une majuscule et se termine par un point.
Autrefois, près du village au bord du fleuve, vivait un jaguar très rusé.

1* *Recopie seulement les suites de mots qui sont des phrases.*

● autrefois vivait village jaguar ● les hommes avaient entendu parler de lui ● tous les animaux le connaissaient ● dormait sous branche ● il prix bon payait.

2* *Mets les étiquettes dans l'ordre pour faire des phrases (n'oublie pas les majuscules et les points).*

le | rusé | très | est | jaguar

près | il | du | vit | fleuve

fait | on | appel | lui | à | souvent

arrange | les | il | de | famille | affaires

3* *Mets les suites de mots en ordre pour qu'elles deviennent des phrases.*

● chef le village du trouver le jaguar vient
● lui il demande venir de sa dans case
● la nuit toute réfléchit problème ce à l'animal
● finit il une par idée avoir.

4 *Recopie en mettant les majuscules et les points.***

le jeune homme entre dans le château il parcourt beaucoup de chambres sans trouver personne dans la dernière il découvre une princesse endormie il la réveille

5 *Recopie en mettant les majuscules et les points. Souligne la troisième phrase du texte.***

il était une fois une femme qui avait trois fils chaque nuit on entendait un grand tapage dans le grenier la femme finit par prendre peur l'aîné monta et aperçut quelque chose de blanc dans un coin

6 *Complète pour faire des phrases.***

● Dans son chaudron, la sorcière ...
● Elle décide d'ajouter de la bave de crapaud pour ...
● ... saute sur son balai et ...

ORTHOGRAPHE

Ne confonds pas à et a

Un jaguar très rusé (2)

Un jour qu'il dormait tranquillement sous une belle branche de parasolier, Talokoe, le chef du village au bord du fleuve, vint le trouver :
« Bonjour jaguar !
– Bonjour, maître des hommes !
– Jaguar, mon ami, je viens te voir car depuis trois jours et trois nuits, mon fils Alima refuse obstinément de se nourrir.
– Grrrr ! grogna le jaguar. C'est pour un caprice d'enfant que tu troubles ma sieste ?
– C'est qu'il a déjà des faiblesses, je crains le pire.
– Dis ce que tu attends de moi !
– Toi seul par ta ruse peux lui rendre l'appétit. Viens donc demain à midi. Je te paierai un bon prix. »

1. Quelle différence y a-t-il entre les deux mots soulignés ?
2. Lequel de ces deux mots peut être remplacé par avait ?

■ **a** sans accent est le verbe avoir. Il peut être remplacé par **avait**.
*Talokoe **a** un fils. → Talokoe **avait** un fils.*

■ **à** avec accent est un mot invariable. Il ne peut pas être remplacé par **avait**.
*Talokoe parle de son fils **à** son ami le jaguar.*

1* *Complète avec avait ou à.*
- La reine ... mis au monde la petite Quitounette.
- On pensa ... baptiser l'enfant.
- La fée déposa une brosse ... dents sur l'édredon.
- Tout le monde ... participé ... la cérémonie.

2* *Complète avec a ou à.*
- Dans le grenier il fait aussi noir qu' ... la cave.
- Rémi ... une grosse boule dans la gorge.
- Les enfants parlent ... mi-voix.
- Agathe ... les nerfs ... vif.
- Pierrot ... la chair de poule.

3* *Même consigne.*
- Lélio ... donné ... manger ... son hamster.
- Le maître lui ... donné un livre ... lire.
- Il l'... lu rapidement et l'... rapporté ... la bibliothèque.
- Le promeneur ... pris sa canne et est parti ... pied.
- Le pêcheur met ... frire les poissons qu'il ... pêchés.

4 *Complète chaque phrase et fais une autre phrase sur le même modèle.***
Mon voisin a une tondeuse à gazon.
→ Le mécanicien a une scie à métaux.
- Cette pièce ... une tapisserie ... fleurs.
- Le peintre ... encore deux pièces ... tapisser.
- Ce petit avion ... hélice appartient ... l'aéroclub.
- Le TGV ... remplacé le train ... vapeur.
- L'agent ... mis une contravention ... cet automobiliste imprudent.

CONJUGAISON

Passé, présent, futur

Un jaguar très rusé (3)

Toute la nuit, le jaguar réfléchit au moyen de forcer le petit d'homme à retrouver le goût de manger. À force de penser et de penser encore, il finit par avoir une idée. Aux aurores, il se tapit sur une branche au-dessus de la rivière et attendit. Il se dit : « C'est la première fois que je travaille pour un homme ! Mon salaire vaudra sûrement son pesant d'or… »

Un singe passa par là. Il lui sauta dessus et l'assomma d'un bon coup de patte.

À midi, il apporta son gibier au village. Il entra dans la case de Talokoe et s'adressa en ces mots à son fils : « Alima, fils d'homme, hier tu étais faible, tu manges maintenant ce singe, demain tu deviendras aussi agile que lui ! » Alima dévora le singe.

• *Des trois verbes soulignés, lequel indique :*
– une action qui a lieu en ce moment (présent) ?
– une action qui a déjà eu lieu (passé) ?
– une action qui aura lieu plus tard (futur) ?

Passé	**Présent**	**Futur**
hier – autrefois	aujourd'hui – maintenant	demain – dans un an

■ Le **présent** est ce qui se passe au moment où l'on parle :
En ce moment, il pleut à verse.

■ Le **passé** est ce qui s'est passé avant ce moment :
Hier, il faisait beau.

■ Le **futur** est ce qui se passera après ce moment :
Demain, il neigera.

1* ***Recopie seulement les phrases au présent.***

- En ce moment, il fait beau.
- Hier, il pleuvait.
- Aujourd'hui, je suis à l'école.
- Dans deux mois, je serai en vacances.
- Maintenant, je fais mon exercice.

2* ***Recopie seulement les phrases qui expriment le futur.***

• L'an prochain, mon frère ira au collège. • Bientôt, le cirque reviendra. • Depuis hier, il pleut. • Hier soir, j'ai mangé du gâteau. • En ce moment, les arbres n'ont plus de feuilles.

3** ***Complète avec : aujourd'hui, hier ou demain.***

..., c'était le dernier jour des vacances. ..., Germain reprend l'école. Mais il n'a pas encore de maître. ..., une nouvelle institutrice arrivera.

4** ***Complète les phrases à l'aide d'expressions qui précisent le moment.***

- ..., beaucoup de gens partent en vacances en avion.
- ..., nous irons tous dans l'espace.
- ..., les hommes s'habillaient avec des peaux de bêtes.

VOCABULAIRE

Classer les mots

Un jaguar très rusé (4)

Trois jours plus tard, le jaguar revint au village pour toucher son salaire. Mais à nouveau Alima ne voulait rien manger. Toute la nuit, le jaguar veilla, tapi sur une branche. Il vit passer un lion mais ne s'y frotta pas. Puis ce furent le serpent, le tigre, l'éléphant, le perroquet, le vautour, les piranhas, les crocodiles, les alligators, les abeilles en essaim, les mouches… Il choisit le serpent. Il lui sauta dessus et l'assomma d'un bon coup de patte.
À midi, il rapporta son gibier au village. Il entra dans la case de Talokoe et s'adressa en ces mots à son fils :
« Alima, fils d'homme, si tu manges ce serpent, tu deviendras aussi puissant que lui ! »
Alima dévora le serpent.

D'après « La ruse du jaguar » dans *Le Roi des piranhas*, « Cascade contes », Rageot-Hatier.

1. Relève le nom des animaux cités dans ce texte.
2. Trouve une solution pour les classer en différentes catégories.

- On peut classer les mots par catégories :
  Les animaux qui nagent (piranhas, crocodile, alligator…), ceux qui volent (perroquet, vautour, abeille…), les mammifères (jaguar, singe, tigre…).
- On peut aussi les classer selon l'ordre alphabétique :
  a b c d e f g h i j k l m n o p q r s t u v w x y z
  A B C D E F G H I J K L M N O P Q R S T U V W X Y Z
  abeille, alligator, crocodile, éléphant, jaguar...

1* a. Recopie les mots de la liste en faisant deux catégories : ce qui vole et ce qui ne vole pas.
moineau - chameau - table - guêpe - avion - ours - tortue - table - chaise - aigle - hélicoptère - fusée - vache - hirondelle - navette - girafe.

b. Classe ensuite ce qui vole en deux catégories : animaux, objets.

2* Classe chaque série de lettres par ordre alphabétique.
TSR BCD UEA MGF MLV XSE

3* Classe ces mots dans l'ordre alphabétique.
radeau - yaourt - village - arbre - cuisine - ballon - fleur - électricité - pyjama - lapin.

4* Ajoute les mots gardon et escargot où il convient dans cette liste alphabétique :
affiche - bécasse - fontaine - jardin - limonade - puits - ruisseau - tramway.

5 Un mot est mal placé dans cette liste alphabétique. Remets-le à sa place.**
chevreuil - demoiselle - girafe - lévrier - merci - respirer - nigaud - poireau - salade - ville.

6 Classe ces fleurs pour composer un bouquet alphabétique.**
giroflée
coquelicot
hortensia
jonquille
azalée
edelweiss
dalhia
bégonia
fushia
iris

VERS L'ÉCRIT

Raconter : oral / écrit

1. Quels mots la maîtresse a-t-elle changés ?

2. Quels mots a-t-elle ajoutés ou supprimés ?

À l'écrit, pour raconter une histoire, il faut organiser, classer ses idées.

Il faut éviter les mots déformés ou incorrects et les répétitions.

Il faut bien marquer les phrases en utilisant les majuscules et les points.

1* *Recopie seulement les groupes de mots qui te semblent corrects à l'écrit.*

• J'm'ennuie. • Tu vas à la campagne. • D'quoi tu parles ? • J'aime le football. • C'est qu'est-ce que j'dis. • C'est qui qui commence ? • C'est quand qu'on part ?

2* *Recopie ces phrases en corrigeant les mots déformés.*

• Y joue dans la cour. • J'l'ai pas vu • J'suis pas d'accord avec c'qu'a dit Hervé. • J'crois qu'c'est lui.

3 *Voici des phrases qui constituent un début d'histoire. Classe-les dans un ordre qui te semble correct.***

Mais les gens n'avaient jamais le temps. Il n'avait plus d'amis. Il aurait voulu parler à quelqu'un. Un vieil homme était très seul.

4 *Continue l'histoire de l'exercice 3 en commençant par <u>Un jour...</u> et imagine, en trois phrases, ce qui pourrait changer la vie du vieil homme.***

5 *Raconte cette petite histoire. Commence par écrire une phrase par image.***

GRAMMAIRE

La forme affirmative
La forme négative

Drôle de maîtresse (1)

Miss Cassolette n'était pas une maîtresse. Ça alors ... pas du tout !
On aurait dû le deviner ! C'était un robot !
Je me suis bouché les oreilles et j'ai crié : « Maman, j'ai peur ! »
Bérangère proposa de la démonter.
Les copains se bousculaient.
« J'appuie sur le bouton ? Non ! Si !
Laisse ! Vas-y ! »
Emmeline, qui est la plus petite de la classe, s'est glissée entre nous tous, elle a touché quelque chose du bout du doigt et tout à coup la ... la ... machine s'est mise à brailler.

1. « Miss Cassolette n'était pas une maîtresse » : dis le contraire en supprimant deux petits mots.
2. « Emmeline a touché quelque chose… » : dis le contraire.

■ **Phrases affirmatives** — ■ **Phrases négatives**

Je me suis bouché les oreilles. → *Je* **ne** *me suis* **pas** *bouché les oreilles.*
J'avais très peur. → *Je* **n'***avais* **pas** *très peur.*

■ On peut transformer une phrase affirmative en phrase négative à l'aide de :
ne (ou n')… pas, ne … plus, ne … jamais, ne… personne, ne… rien.

1* *Souligne les mots qui marquent la négation.*

• Nous n'irons plus au bois, les lauriers sont coupés. • Il n'y a jamais de fumée sans feu. • Je ne prends plus de plaisir à ce jeu. • Mon chien ne veut pas venir. • Ne l'avez-vous pas vu ? Ne le cherchez pas.

2* *Voici des phrases affirmatives. Écris les phrases négatives correspondantes.*

• Iko vit sur une île. • Iko est un jeune garçon. • Nous ferons une belle pirogue pour Iko. • Il y a un héron blanc à l'avant du bateau. • Iko veut abattre l'arbre.

3* *Voici des phrases négatives. Écris les phrases affirmatives correspondantes.*

• Yodeli ne nettoyait pas les vitres de sa maison. • Yodeli ne s'habillait jamais de vert. • Cochonnet n'allait plus au marché. • La maison du poulet n'était pas propre. • Grenouillette ne sera pas prête à l'heure.

4 *Récris ces phrases pour qu'elles soient acceptables à l'écrit.***

• J'y vois rien.
• Y a plus de confiture.
• J'veux pas y aller.
• J'ai jamais vu cette personne.
• J'aime pas le raisin.
• Y a pas beaucoup de cerises.
• Elle prend jamais le même chemin.
• Ce commerçant vend pas de beaux légumes.
• Le cherche pas !

5 *Écris à la forme négative en utilisant :* ne … plus, ne … jamais, ne … personne, ne … rien.**

• Valentin choisit toujours la plus grosse part du gâteau.
• D'où ils sont, les badauds ont tout vu.
• À quinze ans, il joue encore aux billes.
• Je vois quelqu'un sur le balcon.
• Les cambrioleurs ont tout emporté.

ORTHOGRAPHE

Le son [ɛ]

flèche, fête, aile, neige, filet, dentelle

Drôle de maîtresse (2)

On a reculé les uns sur les autres et Bérengère m'a écrasé tous les orteils. Heureusement, le robot a fini par se taire. Lazare nous a déclaré : « C'est une machine extrêmement perfectionnée. Croyez-moi, je m'y connais en robots. Mon père en a au moins treize. Elle est juste un peu détraquée. Attendez, je vais vous la régler et vous aurez une vraie bonne leçon de calcul. »

1. Relève tous les mots qui contiennent le son [ɛ].
Entoure les diverses façons d'écrire ce son.

2. Deux accents sur le e marquent le son [ɛ]. Lesquels ?

3. Dans quels mots le son [ɛ] s'écrit-il avec un e sans accent ?

Le son [ɛ] peut s'écrire :

- **è** → père
  ê → tête
- **ai** → vrai
  ei → treize
- **et** → poulet
  êt → forêt
- **e** suivi de deux consonnes (identiques ou différentes) :
  elle - perfectionnée

1* ***Copie les mots qui contiennent le son [ɛ].***

Monsieur Seguin n'avait jamais eu de bonheur avec ses chèvres. Il les perdait toutes de la même façon : un beau matin, elles cassaient leur corde, s'en allaient dans la montagne, et là-haut le loup les mangeait. Ni les caresses de leur maître, ni la peur du loup, rien ne les retenait. C'était, paraît-il, des chèvres indépendantes voulant à tout prix le grand air et la liberté.

2* ***Lis chaque mot à haute voix et copie-le dans la colonne qui convient.***

le boulanger - la forêt - le fossé - la craie - le pied - le nez - la baleine - la fumée - le volet.

On entend [ɛ]	On entend [e]
....	....

3* ***Classe les mots selon leur terminaison.***

-ai	-aie	-ais	-ait
....	....	....	....

un essai - un souhait - une monnaie - un marais - un palais - un portrait - une plaie - un minerai.

4** ***Complète par ai ou ei.***

une ch...se - une bal...ne - une fal...se - une v...ne - l'hal...ne - la l...ne - une fr...se - une n...ssance - un Franç...s - de la verv...ne.

5** ***Copie les mots. Souligne la lettre e lorsqu'elle se prononce [ɛ]. Entoure les deux lettres qui la suivent.***

de rn ière be ll e.

fermière - cette - lettre - perdu - merle - perte - merci.

CONJUGAISON

Le verbe et son infinitif

Drôle de maîtresse (3)

Lazare s'est mis à quatre pattes pour étudier le robot puis il a légèrement tourné deux tout petits boutons. Il s'est redressé et a dit avec assurance :
« Retournez à vos places et écoutez. »
On n'avait pas tellement envie d'une leçon de calcul, mais personne n'a eu l'idée de protester. On était trop impressionnés.
Lazare avait dû mélanger le programme de calcul avec le programme de chanson et je ne sais quoi, parce que le robot s'est mis à chanter.

D'après Evelyne Reberg, *Drôle de maîtresse*, « Ratus Poche », Hatier.

1. Lazare tourne un bouton : *commence la phrase, par* hier, *puis par* demain. *Que remarques-tu ?*

2. Demain, Lazare mélangera le programme : *remplace* demain *par* aujourd'hui *puis par* hier. *Que remarques-tu ?*

■ Le verbe change de forme selon son emploi : **le verbe se conjugue.**
Lazare tourne, tournait, a tourné, tournera un bouton.

■ On désigne le verbe par une forme qui ne change pas : **l'infinitif.**
Lazare tournera. → Infinitif : *tourner.*

1* ***Classe les verbes dans le tableau.***

Verbes à l'infinitif	Verbes conjugués
....	....

Alice ne veut pas manger. Sa mère lui donne un gâteau. Elle commence par le refuser puis elle finit par l'accepter. Son père sourit.

2* ***Écris l'infinitif des verbes soulignés.***

- Les seigneurs portaient des présents au roi.
- La princesse écoutait les chants des troubadours.
- Les serfs travaillaient du matin au soir.
- Le peintre faisait des portraits magnifiques.
- La cour admirait beaucoup ses œuvres.

3** ***Trouve les verbes et écris leur infinitif.***

Le roi Midas possédait de grands trésors et il aimait l'or plus que n'importe quoi. Il passait des journées entières dans une espèce de cellier où il gardait toutes ses richesses. Chaque jour, il comptait ses sacs pleins de pièces d'or. Il pesait ses lingots. Il admirait ses objets précieux.

4** ***Même consigne.***

Mon prince, je me marierai avec toi mais tu m'achèteras une robe qui ressemble aux étoiles. Le prince marche, trouve la robe et la rapporte à la jeune fille. Elle lui demande alors une robe qui ressemble au soleil. Le prince part, cherche et voit enfin ce qu'elle désire.

VOCABULAIRE

L'ordre alphabétique

La ronde des mots

Abeille de fleur en fleur.
Biche en pleurs.
Crocodile sans cédille.
Dindon très poltron.
Éléphant bon enfant.

Fourmi très mini.
Lapin hors chemin.
Grillon fort brouillon.
Homard, un bavard.
Iguane*, tu ricanes...

*Iguane : sorte d'énorme lézard.

1. Relève les noms des animaux et classe-les par ordre alphabétique.
2. Que remarques-tu ?

■ Les mots sont classés dans le dictionnaire ou dans une encyclopédie suivant l'ordre alphabétique.

■ Pour chercher un mot dans le dictionnaire, on regarde la première lettre puis la deuxième, puis la troisième…

*Dans les L, on trouvera d'abord **la**pin, puis **li**on et enfin **lo**up...*

1* Classe ces mots dans l'ordre alphabétique en observant la seconde lettre.

- artiste - automobile - abri - annonce.
- confiance - crabe - cuisine - cachet.
- mécanique - machine - mode - milieu.

2* Remets l'intrus à sa place.

- cabane - crainte - cendre - chaîne - cible - clarté - coca.
- dynamique - danger - déballage - dictée - docteur - dragée - durer.

3 Nicolas dispose d'une encyclopédie divisée en trois tomes.**

Le premier : **a / i**
Le deuxième : **j / q**
Le troisième : **r / z**

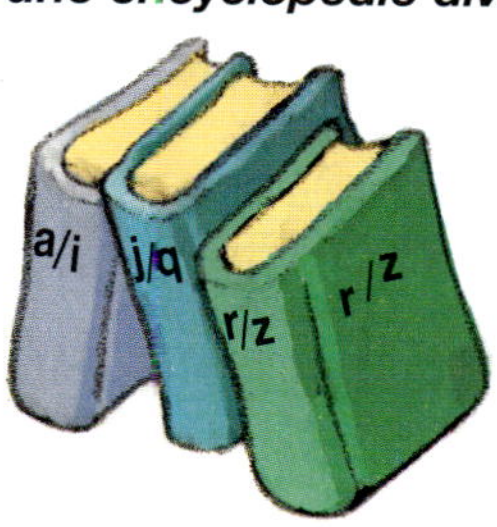

Indique dans quel tome il devra chercher chacun des mots suivants :

émotion - trône - maillon - libellule - velouté - dévier - oreillon - urne - faucille - xylophone - négatif - kiosque - canapé - solarium - bégayer.

4 Myriam et Valérie jouent au jeu du bac. Elles doivent classer dans ce tableau tous les noms par catégories et par ordre alphabétique. Aide-les.**

Christian - Antoine - corbeau - antilope - chêne - acacia - tulipe - arum - coquelicot - tortue - Allemagne - Thomas - Canada - Turquie - tilleul.

	A	C	T
Prénoms			
Pays			
Fleurs			
Animaux			
Arbres			

VERS L'ÉCRIT

Organiser un court récit

Qu'est-il arrivé à Boule et à Bill avant ce dessin ?

Où étaient Boule et Bill avant de marcher dans la rue ? Qui leur a accroché des poissons dans le dos ?

Qu'arrivera-t-il à Boule et à Bill après ce dessin ?

Ils se retournent et aperçoivent les chats.
Quelle question se posent-ils ?
Ils se rappellent alors qu'on est le 1er avril. Ils s'aperçoivent qu'ils ont des poissons accrochés dans le dos.

Pour raconter cette histoire, il va falloir imaginer certains éléments manquants. Ainsi l'histoire peut commencer chez eux ou chez des camarades, il faudra situer la date du 1er avril, expliquer où ils doivent se rendre, comment les chats se regroupent et les suivent jusqu'au moment où Boule et Bill comprendront la situation.

- Quand on raconte une histoire, on doit présenter les événements avec ordre.
- Pour organiser un récit, on utilise des indicateurs de temps *(le soir même, le lendemain...)* et des mots de liaison *(d'abord, puis, ensuite...)*.

1* Replace les phrases dans l'ordre. Souligne les expressions qui commencent chaque phrase.

Mon père est un ogre !

Au moment du repas, papa se jette sur eux et les emporte dans la cuisine. Aujourd'hui, Paulin, Damien et Valentin viennent jouer chez moi. Après les avoir assaisonnés, il les dévore. Toute la matinée, de la fenêtre, papa guette mes amis.

D'après Marie Farré/Amatosoro, *Papa est un ogre*, Folio Cadet.

2* Replace ces phrases dans l'ordre. Utilise au début de chacune d'elles :
cette nuit, aussitôt, le lendemain.

- au petit déjeuner je n'ai rien dit
- je me suis mis à trembler
- dans l'obscurité, j'ai vu un fantôme dans l'escalier.

3* Complète avec :
avant, alors, mais, parce que.

Je n'ai pris que deux fois l'avion ... tous les détails sont restés gravés dans ma mémoire. ... l'embarquement, je ne pouvais plus tenir en place ... je savais que mon « grand moment » approchait, ... j'aurais aimé que les choses aillent plus vite.

D'après Jean Guilloré, *Le voyage de Nicolas*.

4 Trouve une image et, à partir de ce que tu observes, imagine une petite histoire.**

GRAMMAIRE

La ponctuation

Le roi des piranhas (1)

Hector, un roi redoutable, semait la panique dans le grand fleuve Amazone. C'était le roi des piranhas. Chaque matin, au petit déjeuner, il disait : « Apportez-moi trois livres de poisson, un jeune caïman à lunettes, et quelques centaines de menus insectes, que je les dévore ! » Mais trop manger lui épaississait le sang.

Un jour de colère, il décida de chasser de son royaume tous les piranhas qui n'étaient pas aussi forts et féroces que lui ; ainsi ne garderait-il que ceux dignes de constituer une armée invincible pour semer la terreur et écumer le cours d'eau.

1. Relève les signes de ponctuation du texte et indique leur nom.
2. À quoi servent-ils ?

Les principaux signes de ponctuation

À la fin d'une phrase	À l'intérieur d'une phrase	Dans un dialogue
. le point	, la virgule (courte pause)	« » les guillemets (encadrent le dialogue)
? le point d'interrogation	; le point-virgule (pause plus longue)	– le tiret (indique qu'une nouvelle personne parle)
! le point d'exclamation	: les deux points (annoncent quelque chose)	
... les points de suspension	( ) les parenthèses (indiquent qu'on précise quelque chose)	

1* Mets les majuscules et les signes de ponctuation.

les chats ne dorment que d'un œil c'est bien connu sinon ils ne pourraient jamais surprendre les souris quand elles passent Basile lui dormait des deux yeux c'est pourquoi il n'attrapait aucune souris et les autres chats se moquaient de lui

Henriette Bichonnier, *Toutes petites histoires*, Nathan.

2* Ajoute les virgules qui manquent.

• Au jardin Alexiane a ramassé des petits pois des radis trois artichauts quelques fraises et une belle laitue. • Tout était pêle-mêle dans ce grenier : vieux journaux bibelots poussiéreux caisses défoncées jouets démodés antiques vaisselles. • Deux poupées sans nez une voiture sans roues quatre assiettes à soupe douze soldats de plomb constituaient le trésor des enfants.

3 Les répliques des personnages sont ici entre guillemets. Copie le texte en introduisant les répliques par un tiret.**

Le chat a été invité à dîner par le perroquet. Après avoir terminé les gâteaux, il dit :
« J'ai faim. N'avez-vous rien d'autre à manger ? »
« J'ai mes deux gâteaux, dit le perroquet, vous les voulez ? »

Le chat les mangea puis, se léchant les babines, il dit :

« Je commence à me sentir en appétit. N'avez-vous rien d'autre à manger ? »

D'après Miss Sara Cone Bryant, *Comment raconter des histoires*, Nathan.

ORTHOGRAPHE

Ne confonds pas et / est

Le roi des piranhas (2)

Il passa en revue tous ses sujets un par un. Son conseiller, le grand Norbert, renvoyait d'un bon coup de dents ceux qui ne correspondaient pas aux goûts de Sa Majesté. Un œil de travers, une dent cassée, l'écaille trop jaune, la queue fendue, et hop ! c'était la porte.
Lulu-n'a-qu'une-nageoire, le propre frère du roi, fut ainsi chassé.
– Ton attitude n'<u>est</u> pas digne d'un roi, je me vengerai <u>et</u> tu le regretteras ! lança-t-il avant de disparaître derrière une algue géante.

1. Des deux mots soulignés, quel est celui que l'on pourrait remplacer par <u>était</u> ?
2. Que peux-tu en déduire ?

- **est**, verbe être, peut être remplacé par **était**.
  *Le grand Norbert **est** le conseiller du roi. → Le grand Norbert <u>était</u> le conseiller du roi.*
- **et**, mot invariable, ne peut pas être remplacé par **était**.
  *Le grand Norbert **et** Lulu-n'a-qu'une-nageoire s'opposent au roi.*

1* *Copie en remplaçant par <u>était</u> quand c'est possible.*

- Mon chien est marron et blanc.
- La journée est belle et ensoleillée.
- Ce mélange de café et de chocolat est succulent.
- Mon petit frère est gai et taquin.

2* *Complète avec <u>était</u> ou <u>et</u>.*

- Le panier … plein de pommes … de poires.
- La foule remuante … heureuse … sur la place du village.
- Le lilas … fleuri.
- Un oiseau noir … blanc s'... envolé.
- La route … étroite … sinueuse.
- Une voiture rouge … jaune … garée devant le magasin.
- J'aime les babas … les éclairs au chocolat.

3 *Complète avec <u>est</u> ou <u>et</u>.***

- Ce tableau … gai, celui-ci … triste.
- Ma raquette … en bois, la tienne … en métal.
- Une nourriture saine … appétissante, des menus copieux … variés sont servis dans la brasserie qui … à l'angle du boulevard.

4 *Même consigne.***

• Cette place petite … tranquille … appréciée des promeneurs qui flânent … profitent de la douceur du soir. • En vacances, mon père … heureux … souriant, ma mère … détendue … moi, je ne vois pas le temps passer.

5 *Même consigne.***

• L'orage … arrivé, la pluie tombe … crépite sur le toit … sur la route. • Bruyant … coloré, le marché … installé sur la place. • Mon bateau … en bois, le tien … en aluminium. • Le casque sur la tête … les pieds chaussés de bottes, le motard … assis sur sa machine. • La pelouse du parc … bien verte … bien entretenue.

CONJUGAISON

Personnes, radical, terminaisons

Le roi des piranhas (3)

Son choix arrêté, le roi Hector se retrouva à la tête d'une bande de cent piranhas tous plus voraces les uns que les autres. Les poissons du fleuve se mirent à claquer des dents, même les serpents-nageurs tremblaient de peur. Le jour, l'armée invincible ravageait sans relâche la région. Un buffle traversait le fleuve ? En cent coups de dents, gnap ! ils le dévoraient. Le soir, repus et fatigués, ils s'endormaient serrés les uns contre les autres.

La vie dans le pays devint très vite un cauchemar. Plus possible de s'abreuver sous peine de perdre le museau. Impossible de tremper la patte dans l'eau !

D'après Yves-Marie Clément, *Le Roi des piranhas*, « Cascade contes », Rageot-Hatier.

1. Quel est l'infinitif des verbes soulignés ?

2. Remplace les serpents-nageurs par nous et un buffle par vous. Quelle partie du verbe change ? Quelle partie reste identique ?

- Un verbe se décompose en deux parties :
  - le **radical** (au début) qui est invariable : *Il travers e.*
  - la **terminaison** (à la fin) qui est variable : *Il travers ait.*
- Il existe **trois personnes du singulier** : je, tu, il/elle/on,
  trois personnes du pluriel : nous, vous, ils/elles.

1* *Relie pour former des phrases.*

Je •	• ont cherché des escargots.
Elles •	• mettrons nos manteaux.
Vous •	• recopie mon devoir.
Nous •	• dessiniez à l'encre de Chine.

2* *Copie les verbes et entoure leur terminaison.*

- À la fin de la fête, les gens rentrent chez eux.
- Vous renvoyez la réponse.
- Je chante dès le matin.
- Nous allons au cinéma.
- Tu épluches un oignon.

3* *Complète le tableau suivant le modèle.*

	Personne	Radical	Terminaison
L'élève récite	*il*	*récit-*	*-e*
Nous admirons	....	....	....
Tu regardes	....	....	....
Vous mangez	....	....	....
Je cherche	....	....	....

4 *Relève les verbes et place-les dans un tableau comme celui de l'exercice 3.***

- L'homme gratte une allumette.
- Vous cherchez votre sac.
- Tu donnes un coup de balai.
- Nous allumons nos phares.
- Les filles apprendront la guitare.

5 *Copie les verbes, entoure leur radical et écris leur infinitif.***

- Elle étudie le piano.
- Nous achetons une planche à voile.
- Vous recevez des cadeaux.
- Tu chantes pour la fête de l'école.
- Le facteur apporte une lettre.
- Vous écoutez attentivement.
- Je cultive mes rosiers.
- Maman partage la tarte.
- Le fermier récolte son maïs.

VOCABULAIRE

Chercher un mot dans le dictionnaire

famine 402

famille de mots, c'est l'ensemble des mots qui contiennent un même mot. *« Rougeâtre », « rouge-gorge », « rougir » et « peau-rouge » sont des mots de la famille de « rouge ».*

famine n. f. Manque de nourriture. *La sécheresse a détruit les récoltes et provoqué la famine dans la région.* → **disette.**

fanal n. m. [pl. *fanaux*] Grosse lanterne, sur un navire.

fanatique adj. 1. Qui a une foi absolue, qui croit aveuglément une doctrine ou une personne, et qui est capable de n'importe quoi pour faire triompher ses idées. *Des militants fanatiques.* — N. *Un fanatique a assassiné le président.* 2. Qui a une grande admiration pour quelqu'un ou quelque chose. *Il est fanatique de rock.* → **fou.** — N. *C'est un fanatique de football.* → **passionné.** — On dit familièrement *un fan* [fan].
▸ **fanatisme** n. m. Comportement de personnes fanatiques.

faner v. (conjug. 1) 1. *Les paysans fanent la luzerne,* ils la retournent après l'avoir fauchée pour la faire sécher. → aussi **fenaison.** 2. *La rose s'est fanée,* elle s'est desséchée et elle est morte en perdant sa couleur et sa consistance. → se **flétrir.**
▸ **fané** adj. *Jette ces fleurs fanées !* desséchées, mortes.

fanfare n. f. Orchestre composé d'instruments en cuivre et de tambours. *La fanfare municipale.*

fanfaron n. m., **fanfaronne** n. f. Personne qui se vante de ses exploits ou de son courage. *Luc fait le fanfaron devant ses amis.*
▸ **fanfaronnade** n. f. Ce que fait ou dit un fanfaron. → **vantardise.**

fanfreluche n. f. Petit ornement inutile. *Il y a trop de fanfreluches sur sa robe.*

fange n. f. Boue presque liquide.

fanion n. m. Petit drapeau.

fanon n. m. Chacune des nombreuses lames en corne fixées dans la bouche de certains cétacés. *Les fanons d'une baleine.*

fantaisie n. f. 1. Originalité amusante. *Sa vie manque de fantaisie.* 2. Envie soudaine. → **caprice.** *Tout à coup, il lui a pris la fantaisie de traverser la rivière à la nage.* → **lubie.** 3. *Elle a des bijoux fantaisie,* sans valeur.
▸ **fantaisiste** adj. et n. m. et f. 1. adj. Peu sérieux. *Son explication est un peu fantaisiste.* 2. n. m. et f. Artiste qui chante des chansons amusantes, raconte des histoires drôles, fait des imitations. → **comique.**

fantasmagorique adj. Qui semble irréel. *Un spectacle fantasmagorique.* → **fantastique, féerique.**

fantasque adj. Qui change souvent d'avis. → **capricieux.** *Julie a un esprit fantasque.*

fantassin n. m. Soldat qui combat à pied. → aussi **infanterie.**

fantastique adj. 1. Qui est créé par l'imagination, qui n'existe pas. → **fabuleux, imaginaire.** *Le dragon est un animal fantastique.* 2. Qui étonne ou plaît beaucoup. → **étonnant, formidable, sensationnel.** *Il a une chance fantastique.* → **extraordinaire.**

fantôme n. m. Être imaginaire qui serait l'apparition d'un mort. → **revenant,** ① **spectre.** *On dit que ce château est hanté par un fantôme.*

403 fasciner

faon [fɑ̃] n. m. Petit du cerf, du daim ou du chevreuil. *Une biche et son faon.*

faramineux adj. Familier. *Le loyer de cet appartement est faramineux,* il est beaucoup trop cher. → **exorbitant.** — Au fém. sing. *faramineuse.*

farandole n. f. Danse exécutée par une file de danseurs qui se tiennent par la main. *Ils ont fait la farandole à travers l'appartement.*

① **farce** n. f. 1. Tour que l'on joue à quelqu'un. → **plaisanterie ;** fam. **blague.** *Luc et Yves ont fait une farce à Flora.* 2. Objet qui sert à faire une farce. *Un magasin de farces et attrapes.*
▸ **farceur** n. m., **farceuse** n. f. Personne qui aime plaisanter, faire des farces. *Quel farceur !*

② **farce** n. f. Mélange d'aliments hachés que l'on met dans une viande, un poisson, des légumes.
▸ **farcir** v. (conjug. 2) Remplir avec de la farce. *Le cuisinier farcit la dinde.*
▸ **farci** adj. Rempli de farce. *Des tomates farcies.*

fard n. m. Produit coloré que l'on emploie pour se maquiller. *Du fard à paupières.* ◊ homonyme : phare.
▸ **se farder** v. (conjug. 1) Mettre du fard. → se **maquiller.** *Elle s'est trop fardée.*

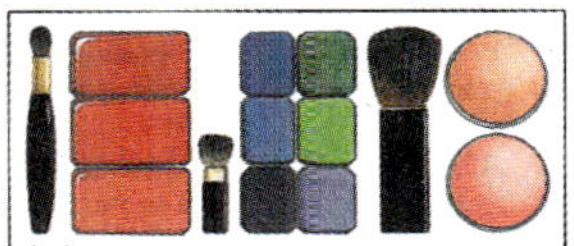
fard

farde n. f. Ce mot est employé en Belgique. Chemise cartonnée.

fardeau n. m. Chose lourde qu'il faut porter. *L'âne est chargé de lourds fardeaux.*

farfadet n. m. Lutin agile et malicieux.

farfelu adj. Un peu fou, bizarre et amusant. *Une histoire farfelue.* → **saugrenu.**

farine n. f. Poudre obtenue en écrasant les graines de certaines céréales. *On fait des crêpes avec de la farine de blé ou de sarrasin.*
▸ **farineux** n. m. et adj. 1. n. m. Légume qui peut fournir de la farine ou qui contient de la fécule. → **féculent.** *Les lentilles et les haricots sont des farineux.* 2. adj. Fade et pâteux. *Une poire farineuse.*

farouche adj. 1. Qui s'enfuit quand on l'approche. → **craintif, peureux, sauvage.** *Cette biche est venue près de nous, elle n'est pas farouche.* ‖ contr. **familier** ‖ 2. Qui refuse de se soumettre, violent. *Un farouche adversaire.*
▸ **farouchement** adv. Avec violence et détermination. *Ils sont farouchement opposés à ce projet.* ▷ EFFAROUCHER.

fascicule n. m. Petit livre très plat, comprenant peu de pages, qui représente une partie d'un gros livre. *Cette encyclopédie est vendue chaque semaine par fascicules.*

fasciner v. (conjug. 1) Éblouir et attirer. → **captiver, émerveiller.** *Le numéro fait par le magicien a fasciné les spectateurs.*

Reproduction réduite, *Le Robert Junior, Dictionnaire 8 à 12 ans*, 1993.

1. *À quoi correspondent les deux mots figurant en haut des pages ?*
2. *En quoi ces deux mots peuvent-ils te servir pour trouver le mot que tu cherches ?*

Pour trouver un mot dans un dictionnaire, par exemple : ***fanfaron.***

■ On cherche la lettre ***f***. On ajoute à ***f*** la deuxième lettre : ***fa***, puis la troisième : ***fan***… ,

■ On utilise les **mots-repères** placés en haut des pages :
Fanfaron se trouve entre ***famine*** et ***fasciner***.

1* ***Dans quelle partie de l'alphabet se trouvent les lettres : E - M - U - V - G - F - O ?***

entre **A** et **H**	entre **I** et **Q**	entre **R** et **Z**
....	....	....

2** ***Dans ton dictionnaire, entre quels mots-repères se trouve chacun des mots suivants ?***
plombier - méchoui - flûte - éducation - télescope.

3** ***Quel mot figure entre les mots-repères ?***

opposer - ordre
onde
orthographe
orchestre
omelette
oseille

égard - éligible
emboîter
éliminer
effort
effort
élégan

VERS L'ÉCRIT

Commencer une histoire

1

2

3

Une vieille femme vivait dans une bouteille de vinaigre.

4

Non loin d'une ferme, contre une meule de foin, une belle poule blanche couvait, les yeux fermés.

5

En 1284, on vit apparaître un homme étonnant dans la ville de Hameln.

6

1. Lis attentivement ces débuts d'histoires.

2. Quel début d'histoire préfères-tu ? Pourquoi ?

3. Quel début t'amène le plus facilement à imaginer une suite ? Pourquoi ?

4. Comment pourrais-tu classer ces débuts d'histoires ?

On peut commencer une histoire de différentes façons selon les informations que l'on veut donner tout de suite au lecteur :

- en présentant un personnage : *Madja était un chat tigré…* ,
- en donnant des indications sur le moment : *En 1284…, Un jour de grand soleil…* ,
- en indiquant un lieu : *Non loin d'une ferme…*

1* ***Place dans ce tableau ces débuts d'histoires.***

On présente un personnage	On indique un lieu	On indique un moment
....	....	....

- Mémé sorcière préparait sa potion…
- Un Maskilo, méchant esprit de la forêt…
- Autrefois, la mer…
- Sur les rives de l'Oyapock…
- Ce matin-là, Marcello…
- Sur la montagne, des alpinistes…

2** ***Cherche, dans des livres de lecture, des romans ou des contes, des débuts d'histoire qui te plaisent. Écris-les sur des bouts de papier que tes camarades tireront au sort. Ils devront imaginer une suite.***

3** ***Imagine de courtes histoires en deux ou trois phrases à partir des débuts indiqués.***

- Nestor est un robot intelligent et surtout très obéissant mais…
- En l'an 3000,…
- Sur la planète Electro,…
- En se réveillant,…

4** ***Ton jouet favori se détraque, s'anime et fait preuve d'un comportement anormal.***

Écris trois débuts différents à cette histoire :

– un qui indiquera le moment,

– un qui indiquera le lieu,

– un qui présentera le jouet.

GRAMMAIRE

Les types de phrases

Un fantôme de trop (1)

François est en vacances chez ses grands-parents. Il apprend que M. Quentin, le propriétaire, a décidé de reprendre bientôt la maison où ils habitent. Alors il se déguise en fantôme pour l'effrayer, mais une nuit…

Je suis sorti de ma chambre et, dans le couloir du premier étage, en haut de l'escalier, qu'est-ce que j'ai vu ? J'ai vu un fantôme ! Il a descendu l'escalier d'un pas très lourd. Il n'a pas prononcé un mot. Je me suis précipité dans ma chambre alors que le fantôme se dirigeait lentement vers la cuisine. Je me suis enfermé à double tour en criant : « Va-t-en, fantôme ! » Je tremblais. J'avais des frissons de partout. Je n'ai appelé personne, et je me suis endormi seulement au matin. Mais, mais… Les fantômes ça peut exister…

1. Quelle est la phrase qui sert à poser une question ? (phrase interrogative) Quelle est celle par laquelle on s'exclame ? (phrase exclamative)
2. Quelle est la phrase qui sert à donner un ordre ? (phrase impérative)
3. La phrase qui n'est ni interrogative, ni exclamative, ni impérative est une phrase déclarative. Trouves-en une.

On distingue quatre types de phrases :

- **La phrase déclarative :** elle sert à dire simplement quelque chose.
  Il a descendu l'escalier d'un pas très lourd.
- **La phrase interrogative :** elle sert à poser une question.
  Qu'est-ce que j'ai vu ?
- **La phrase impérative :** elle sert à donner un ordre.
  Va-t-en, fantôme !
- **La phrase exclamative :** elle sert à exprimer un sentiment vif.
  J'ai vu un fantôme ! (peur)

⚠ Une phrase impérative peut aussi se terminer par un point d'exclamation.

1* *Indique le type de chaque phrase.*
- Le maire réfléchit et ne trouva rien à dire.
- J'ai peine à te croire, jeune homme !
- Viens-tu chercher ta pièce d'or ?
- Reprends tes billes.
- Comment s'appelle ce chat ?

2* *Complète les phrases par le point qui convient.*
- Quel beau cheval …
- Où vas-tu donc ainsi, compère …
- Qu'est-ce que c'est que ça …
- Viens avec nous …
- Les trois brigands avaient des noms faciles à retenir …

3* *Complète les phrases par le point qui convient et indique le type de chaque phrase.*
- Où allez-vous donc ainsi, joyeuse compagnie …
- Chacun trouva un coin à sa convenance …
- Attention, les diables sont dans la maison …
- Attendez-moi à la porte du château …
- Les loups se sauvèrent à travers la forêt …

4 *Copie uniquement les phrases impératives.***
- L'âne avance à petits pas.
- Aline a mal à la tête.
- Ne prends pas mon ballon.
- J'aime la glace à la pistache.
- Iras-tu en vacances ?
- Respectez bien la règle du jeu.

ORTHOGRAPHE

Le son [o]

piano, drôle, chaud, château, repos, galop

Un fantôme de trop (2)

Le lendemain, au petit déjeuner, je n'ai rien dit du tout, pas un mot. Grand-mère était très douce, comme toujours, mais grand-père m'a regardé d'un drôle d'air.
J'avais honte. En jouant au faux fantôme, j'avais attiré chez nous un vrai fantôme.
Je commençais à avoir peur dans cette maison où j'avais été si heureux.
Chaque nuit, je me barricadais dans ma chambre. Mais cela ne m'empêchait pas de trembler de peur. Et si le fantôme sortait de l'armoire, de dessous le lit ?

1. Relève tous les mots dans lesquels tu entends le son [o].
2. Entoure les diverses façons d'écrire le son [o].

Le son [o] peut s'écrire :

■ **o** → *mot* ■ **ô** → *drôle* ■ **au** → *faux* ■ **eau** → *carreau*

⚠ En fin de mot, **o** ou **au** sont souvent suivis d'une consonne muette :

-ot → *haricot* **-os** → *repos* **-oc** → *accroc* **-op** → *sirop*
-aut → *défaut* **-aud** → *chaud* **-aux** → *faux*

On peut parfois deviner cette consonne muette en pensant à un mot de la même famille : *repos* → *reposer* - *accroc* → *accrocher.*

1* *Lis les mots à haute voix et copie-les dans la colonne qui convient.*

On entend [o]	On n'entend pas [o]
....	....

un crocodile - gros - le zoo - froid - une moto - la poire - loin - le dos - les crocs - la cloche - le crapaud - l'eau.

2* *Place ces mots dans le tableau.*

[o] s'écrit eau	[o] s'écrit au
....	....

l'oiseau - le chapiteau - le ruisseau - l'eau - haut - l'auto - chaud - le chameau - le taureau - le vautour.

3* *Écris un verbe pouvant expliquer la dernière lettre de chacun de ces noms :* canot → *canoter.*

sanglot - rabot - repos - grelot - accroc - tricot - gigot - propos - flot.

4 *Complète les noms par : -o, -oc, -os, -op.***

un accr… - du sir… - un hér… - un pian… - le rep… - un escr… - le gal… - un lass… .

5 *Complète les mots inachevés.***

- Le drap… flottait au-dessus du fort.
- L'artich… se mange en vinaigrette.
- Le corb… croasse.
- Le crap… coasse.
- L'abric… a un gros noy… .
- Ma mère aplatit la pâte à tarte avec un roul… .

6 *Complète avec*** [o].

- On utilise un tuy… pour arroser.
- Un cham … guide la caravane.
- As-tu beaucoup de déf… ?
- Un bad… regarde les passants.
- Le cheval passe au gal…
- Tu oublies ton trouss… de clés.

CONJUGAISON

Les trois groupes de verbes

Un fantôme de trop (3)

Une nuit, j'ai fait un rêve affreux, un vrai cauchemar. Je passais devant la boutique de monsieur Quentin. Il me faisait entrer de force et me coinçait entre les carabines et les sabres. D'un air terrible, il me disait :

« Je sais que le fantôme de ta maison, c'est toi. Et tu sais ce que je leur fais, aux fantômes, moi ? Je les tue. » Il finissait par décrocher un fusil du mur et je criais :

« Vous pouvez me tuer… Il y a maintenant un vrai fantôme chez grand-père. Je le jure, je l'ai vu dans la nuit de dimanche à lundi. »

1. *Quel est l'infinitif des verbes soulignés ?*
2. *Souligne la terminaison de ces infinitifs. Que remarques-tu ?*
3. *Écris ces verbes au présent, à la première personne du singulier :* je.

On classe les verbes en trois groupes suivant :

	1er groupe	2e groupe	3e groupe
1. l'infinitif	chant**er**	fin**ir**	ven**ir**, v**oir**, prend**re**
2. la 1re personne du singulier	je chant**e**	je fini**s**	je vien**s**, je voi**s**, je prend**s**
3. la 1re personne du pluriel	nous chant**ons**	nous fini**ssons**	nous ven**ons**, nous voy**ons**, nous pren**ons**

1* ***Écris la liste des verbes contenus dans ce texte et mets-les à l'infinitif.***

En ce temps-là, les enfants ne fréquentaient pas l'école toute l'année. Dans le village, seul le curé lisait, écrivait et comptait un peu. Il réunissait chez lui, les mois d'hiver, ceux qui voulaient apprendre. Aux premiers beaux jours, les enfants menaient leurs bêtes dans les champs et les bois, où elles paissaient l'herbe sauvage.

2* ***Classe en trois groupes les verbes de ce texte.***

Blinis aux champignons

Préparer un mélange de champignons. Les faire revenir dans une poêle. Ajouter une noisette de beurre. Finir en liant avec un peu de crème. Prendre les blinis. Mettre une cuillerée de champignons sur chacun. Faire réchauffer. Servir sans laisser refroidir.

3** ***Copie le tableau et complète-le.***

Verbe conjugué avec je	Infinitif	Verbe conjugué avec nous	Groupe
je salis	....	....	....
je cours	....	....	....
je sors	....	....	....
je réussis	....	....	....
je pars	....	....	....

4** ***Copie le tableau et complète-le.***

Verbe conjugué avec il	Infinitif	Verbe conjugué avec nous	Groupe
Il plie	....	....	....
Il avertit	....	....	....
Il aperçoit	....	....	....
Il sourit	....	....	....
Il fait	....	....	....

VOCABULAIRE

Un article de dictionnaire

entrée — classe du mot (nom, adjectif, verbe…) — genre du mot — sens du mot — définition — exemple

monstre n.m. SENS 1. *Un veau né avec deux têtes est un* ***monstre***, un être qui est né avec une grave malformation. SENS 2. *Les chimères, les centaures sont des* ***monstres***, des êtres imaginaires. SENS 3. *Le chef des pillards était un* ***monstre***, il était très cruel. SENS 4. *Colin est un* ***monstre*** *d'égoïsme*, il est très égoïste. SENS 5. Un **monstre sacré** est un comédient très célèbre.

■ **monstre** adj. [SENS 4] Fam. *Ce film a eu un succès* ***monstre***, très grand (= énorme, prodigieux).

Larousse, *Dictionnaire Maxi Débutants*, 1997.

Pour chaque mot, le dictionnaire précise par une abréviation :
- la classe du mot : nom → (n.), verbe → (v.), adjectif → (adj.) ;
- le genre du mot : masculin → (m.), féminin → (f.) ;
- le ou les sens du mot : sens 1, sens 2, ... avec un exemple.

1* ***Copie le tableau et mets une croix dans la case qui convient.***

Je cherche un mot	J'ai ouvert le dictionnaire à la lettre	Le mot se trouve avant ?	après ?
Kayak	L	…………	…………
Serpent	R	…………	…………
Vitre	U	…………	…………
Balance	C	…………	…………
Maraîcher	O	…………	…………
Poubelle	R	…………	…………

2* ***Cherche ces mots dans ton dictionnaire et copie leur définition.***

chiot - chips - dossard - fanion.

3* ***Recopie ces mots et leur terminaison féminine telle qu'elle est indiquée dans le dictionnaire.***

dessinateur - historien - impatient - nourrissant - sérieux.

4* ***Au début de la plupart des dictionnaires, il y a un tableau des abréviations utilisées. À l'aide de ce tableau, cherche les abréviations de :***

masculin - invariable - féminin - adjectif - verbe.

5* ***Que signifient ces abréviations ?***

n.f. - n.m. - fam. - adv. - pl.

6* ***Place à côté des mots, les abréviations de :*** **nom - verbe - masculin - féminin.**

aiguille	lion	vêtement
attraper	hirondelle	finir

7** ***À l'aide du dictionnaire qui t'indique s'ils sont féminins ou masculins, recopie ces noms précédés de un ou une.***

enjoliveur - omoplate - pamplemousse - oasis - planisphère - azalée.

8** ***Parmi ces mots en -al, quels sont les noms, quels sont les adjectifs ? Le dictionnaire te l'indique.***

gavial - régal - féodal - loyal - narval - naval - festival.

9** ***Dans cet article de dictionnaire, indique :***

la classe et le genre - le sens - l'exemple - le sens voisin.

condiment n.m. *Le sel, le poivre, la moutarde sont des* ***condiments***, ils donnent du goût à la nourriture (= assaisonnement). → ***aromate, épice***

Larousse, *Dictionnaire Maxi Débutants*, 1997.

VERS L'ÉCRIT

Continuer une histoire

Un fantôme de trop (4)

Au matin, je me suis réveillé, trempé de sueur. Je me sentais vraiment mal. Quelques heures plus tard, le facteur nous a apporté une lettre recommandée qui nous apprenait que M. Quentin, le propriétaire, ne nous mettait plus à la porte le 1er octobre. Il avait changé d'avis. Il nous tiendrait au courant…
Grand-père répétait :
« Incroyable ! Nous sommes tranquilles pour un an au moins. »
Grand-mère me prit dans ses bras :
« François ! Tu as réussi… Merci mon chéri. »

D'après Henri Delpeux, *Un fantôme de trop*, « J'aime lire » n° 195, Bayard Presse, 1993.

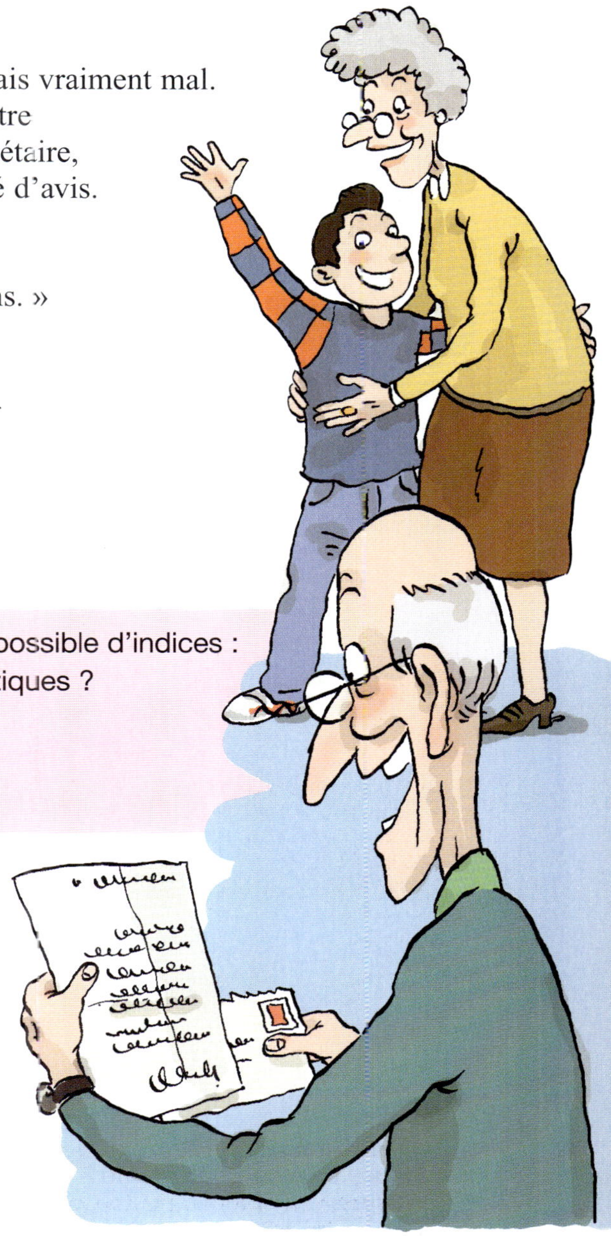

1. *Combien de fantômes apparaissent dans l'histoire ?*
2. *Qui peut être le second fantôme ?*
3. *Qui raconte l'histoire ?*

Pour continuer une histoire, il faut repérer le plus possible d'indices :
– Quels sont **les personnages** et leurs caractéristiques ?
– **Où** et **quand** se passe l'action ?
– **Qui raconte** l'histoire ?
– Quels sont **les temps** utilisés ?

1* ***Lis cet extrait et recopie celle des trois suites qui convient le mieux.***

La partie de football dure depuis deux heures. Les joueurs, des garçons pourtant solides, commencent à s'épuiser.

a. Martine fait alors une passe à sa voisine qui démarre à toute vitesse.

b. Je filai alors vers les buts adverses en dribblant facilement.

c. Quelques garçons viennent remplacer les joueurs les plus fatigués et le jeu devient plus animé.

2* ***Même consigne mais attention aux pièges !***

Billy est veilleur de nuit dans une fabrique de chocolat. C'est un garçon sérieux qui donne entière satisfaction à madame Lola, la directrice.

a. Un matin, en quittant son travail, il conseille à la directrice de faire vérifier l'alarme qui s'est déclenchée sans raison.

b. Un matin, il déclare à la directrice de l'usine qu'il faut vérifier l'alarme car cette nuit il a rêvé qu'elle tombait en panne.

c. Un matin, alors qu'il prend son service, il demande à la directrice de vérifier l'alarme par sécurité.

3** ***Lis ce résumé d'un conte et écris une suite.***

La chèvre menteuse

Un tailleur avait trois fils et une chèvre. Chacun de ses fils emmène l'animal paître mais, à son retour, la chèvre se plaint à chaque fois de n'avoir rien mangé. Le père croit sa chèvre et renvoie tour à tour ses fils. Resté seul, il décide d'emmener lui-même sa chèvre.

Pour t'aider :
– Il s'agit d'un conte où les actions se répètent.
– Fais attention au titre qui te donne également des informations.

GRAMMAIRE

La phrase interrogative

Mon copain le monstre (1)

Le pauvre monstre ne pouvait plus retenir sa colère. (...)
De grosses larmes coulaient de ses trois yeux. Il ne remarqua pas que quelqu'un s'était approché de lui.
« Pourquoi tu pleures ? Est-ce que tu as du chagrin ? »
Le monstre se frotta les yeux et découvrit un garçon qui se tenait devant lui. Il renifla un bon coup et lui demanda :
« À toi non plus, je ne te fais pas peur ?
– Non, répondit le garçon. Je ne crois pas !
– Pourquoi personne n'a plus peur de moi ? »

1. Par quel signe de ponctuation se terminent les phrases servant à poser des questions ?
2. Lis ces questions à haute voix. Remarques-tu une intonation particulière ?
3. Relève, dans ces phrases, les mots ou les expressions marquant l'interrogation.

- La **phrase interrogative** sert à poser une question.
- Elle peut avoir diverses formes :

– *Est-ce que tu as du chagrin ?*
– *As-tu du chagrin ?*
– *Tu as du chagrin ?*
– *Pourquoi as-tu du chagrin ?*

- Elle se termine toujours par un point d'interrogation (?).

1* *Quelles sont les phrases interrogatives contenues dans ce petit poème ?*

La mer s'est retirée,
Qui la ramènera ?
La mer s'est démontée,
Qui la remontera ?

La mer est emportée,
Qui la rapportera ?
La mer est déchaînée,
Qui la rattachera ?

Jacques Charpentreau

2* *Sur le modèle, transforme ces phrases interrogatives :*

Est-ce que tu viens ? → Viens-tu ?

- Est-ce que tu as du chagrin, Renard moustachu ?
- Est-ce que tu as perdu ton chemin ?
- Est-ce que tu sais attraper les poissons ?
- Est-ce que tu as mangé tout ce miel, compère ?

3* *Sur le modèle, transforme ces phrases interrogatives :*

Ce train va-t-il à Paris ? → Est-ce que ce train va à Paris ?

• Le coq est-il réveillé ? • Le moineau a-t-il fini son nid ? • Compère Ours sait-il nager ? • Le vase d'or est-il au fond de l'eau ? • Cette route conduit-elle à Grenoble ?

4 *Imagine les questions que l'on a posées pour obtenir ces réponses.***

• Oui, je sais où il habite. • Je ris parce que je suis contente. • J'ai mangé deux tartines de confiture. • Non, le vieux bûcheron n'a pas trouvé les pièces d'or. • Pour Noël, je voudrais une panoplie de pompier. • Oui, le facteur est passé.

ORTHOGRAPHE

Ne confonds pas on et ont

Mon copain le monstre (2)

Le petit garçon, qui s'appelait Henri, avait bon cœur. Il n'aimait pas voir pleurer quelqu'un, que ce soit un garçon, une fille ou un monstre. Il comprit très vite son problème et, pour le consoler, il se rattrapa :
« Enfin… Si… Les enfants ont un peu peur de vous quand même ! »
Le monstre s'arrêta de renifler.
« Seulement un peu ?
– Non, non ! Beaucoup ! mentit carrément Henri qui voulait éviter une seconde crise de larmes. Vous êtes absolument affreux et on a monstrueusement peur de vous. »

1. *Observe les mots soulignés. Lequel peux-tu remplacer par avaient ?*
2. *Que peux-tu en déduire ?*

■ **ont**, verbe avoir, peut être remplacé par **avaient**.
Les enfants ont peur. → Ils avaient peur.

■ **on**, mot invariable, peut être remplacé par **il**.
On a très peur. → Il a très peur.

1* ***Complète avec avaient ou on.***
- Les merles … le bec jaune.
- Après le repas, … a chanté.
- Nos amis … une belle maison.
- À la fin du match, … va aux vestiaires.
- En automne, … vendange.

2* ***Complète avec ont ou on.***
- Ces chèvres … des cornes.
- Quand … a fini, … va jouer dans la cour.
- ... me dit qu'ils ... gagné.
- Quand … est loin, … pense à son pays.
- … va se promener ?

3** ***Même consigne.***
• Les massifs … de belles fleurs en juin, … a envie d'en cueillir. • … voit des oiseaux qui … un beau plumage. • … dit que ceux qui … causé l'accident … été arrêtés. • ... applaudit les artistes qui … bien joué. • Quand … a ramassé la récolte, … laboure le champ. • Ces papillons … les ailes colorées.

4** ***Même consigne.***
- Les fleurs du jardin … de belles couleurs.
- Les orages … provoqué des inondations.
- Quand … a mal à la tête, … prend un comprimé.
- Ceux qui … mal à la tête prennent des comprimés.
- … donne à manger à ceux qui … faim.
- Les gendarmes … placé leur radar sur l'autoroute.
- Quand … va trop vite, … est repéré.

5** ***Écris au pluriel.***
- Celui qui a fini va en récréation.
- La chèvre a des cornes.
- Cette personne a les cheveux blonds.
- Le corbeau a les plumes noires.
- Mon camarade a un VTT.
- La chatte a fait ses petits dans l'armoire.

6** ***Construis une phrase contenant on et ont (dans n'importe quel ordre).***

CONJUGAISON

Le présent des verbes être et avoir

Mon copain le monstre (3)

Le monstre poussa un immense rugissement de plaisir.
« Alors, si tu as peur, je vais pouvoir te manger ! »
Il faut préciser que le monstre mangeait seulement les enfants qui avaient peur de lui. C'était cette peur qui le nourrissait. (...)
Bien vite, le garçon recula d'un pas et l'arrêta de la main.
« Non ! Mais non ! Vous n'y êtes pas, vous ne pouvez pas faire ça !
– Pourquoi donc ? Qu'est-ce qu'il y a encore qui ne va pas ? s'inquiéta le monstre.
– Si vous me mangez, il n'y aura plus personne pour avoir peur de vous. Il faut me laisser vivre, au contraire ! »
Le monstre n'avait pas pensé à cela. Il se souvint de l'attitude des autres enfants et hésita. Il n'avait guère envie de passer le reste de sa vie à s'ennuyer dans son coin. Il décida donc de passer un marché avec Henri. Il lui ferait peur chaque fois qu'il en aurait envie, tout en lui promettant de ne jamais lui faire de mal. Henri accepta.

1. Quel est l'infinitif des verbes soulignés ? À quel groupe appartiennent-ils ?
2. Conjugue ces verbes au présent à toutes les personnes.

être

je	**suis**	nous	**sommes**
tu	**es**	vous	**êtes**
il/elle	**est**	ils/elles	**sont**

avoir

j'	**ai**	nous	**avons**
tu	**as**	vous	**avez**
il/elle	**a**	ils/elles	**ont**

⚠ Ces verbes n'appartiennent à aucun groupe.

1* *Relie pour former des phrases.*

Tu •	• est sur le bord de la fenêtre.
Nous •	• êtes de bons camarades.
Les athlètes •	• avez une grande maison.
Un oiseau •	• as une jolie robe.
Vous •	• sommes presque arrivés.
	• ont des entraînements.

2* *Copie en mettant vous à la place de tu.*

- Tu as un petit hamster.
- Tu es peureux.
- Tu as envie de rire.
- Tu n'as pas envie de ce gâteau.
- Tu es heureux d'aller à l'école.
- Tu n'es pas gros.

3** *Écris les verbes au présent.*

• Tu *être* un partenaire efficace. • Nous *avoir* plusieurs solutions pour nous en sortir. • Vous *être* un joyeux compagnon. • J'*avoir* une bibliothèque bien garnie. • Elles *avoir* beaucoup de patience. • Je ne *être* pas très satisfaite. • Les montagnards n'*avoir* pas le vertige. • Elle *être* originaire de la région de Grenoble. • L'homme *être* totalement immobile, il *avoir* l'air absent.

4** *Complète avec être ou avoir au présent.*

• Tu … venu me voir hier. • Tu m' … apporté un beau disque. • La foudre … tombée sur le clocher. • Nous … gagné le match. • Vous … parti dès la fin de la représentation. • Elles n' … pas vu l'éclipse. • Nos lettres … toutes parvenues à leurs destinataires.

Le sens d'un mot dans le dictionnaire

Mon copain le monstre (4)

À partir de ce jour, le monstre et Henri passèrent beaucoup de temps ensemble, et ils devinrent très amis. Chaque fois qu'Henri traversait la cour, le monstre se précipitait sur lui en poussant des cris horribles. Henri devait réussir à lui échapper et à <u>parcourir</u> trois fois le tour de la cour. Comme à « chat », il avait le droit à deux <u>refuges</u> : grimper sur la poubelle et se tenir sur une grille d'égout. Parfois, le monstre se rendait invisible et Henri devait deviner où il se trouvait sous peine de se faire prendre. Mais bien souvent, pour faire plaisir à son ami, le garçon se débrouillait pour se laisser attraper. Le monstre, alors, faisait semblant de le dévorer.

D'après Nicolas de Hirsching, *Mon copain le monstre,* « Ratus Poche », Hatier.

1. Le dictionnaire donne au mot parcourir les sens suivants : « suivre ou visiter dans toute son étendue », « lire rapidement ». Quel est son sens dans le texte ?

2. Cherche dans le dictionnaire les divers sens du mot refuge. Lequel correspond au sens de ce mot dans le texte ?

Le dictionnaire donne différents sens d'un mot. Il faut savoir choisir celui dont on a besoin.

Par exemple le verbe *dévorer* a trois sens :
– *manger avidement : Le lion dévore sa proie.*
– *lire avec intérêt : Marie a dévoré ce livre.*
– *regarder avec envie : Alceste dévore le gâteau des yeux.*

Dans le texte ci-dessus, le verbe est utilisé dans son premier sens.

1* *Quel est le sens du mot souligné dans la phrase?*

Sa mère lui demanda d'aller chercher une <u>baguette</u> pour le déjeuner.
a. Bâton mince pour diriger un orchestre.
b. Pain long et mince.
c. Façon dure et autoritaire : à la baguette.

2* *Quel mot correspond à ces trois définitions du dictionnaire ?*

a. L'as de cœur en est une.
b. Elle est utilisée en géographie.
c. Elle est postale quand on l'envoie en vacances.

3* *Complète avec le même mot qui a trois sens différents.*

- Marie a été victime d'un ... de la circulation.
- J'ai appris la nouvelle par ... .
- Un ... de terrain est une inégalité du sol.

4 *Quel est le sens du mot <u>rendu</u> dans chacune de ces phrases ?***

a. Mon cousin m'a rendu visite.
b. Tu ne m'as pas rendu le livre que je t'ai prêté.
c. Nous nous sommes rendus à la piscine.
d. Ces oranges ont rendu beaucoup de jus.

5 *Fais une phrase avec les différents sens du verbe <u>marcher</u>.***

6 *Trouve deux sens différents à chacun de ces mots :* cuvette - langue - espèce.**

7 *Un même mot correspond à ces trois définitions, lequel ?***

a. os de la cage thoracique.
b. bord de la mer.
c. pente.

Emploie le mot dans trois phrases (une pour chaque sens).

VERS L'ÉCRIT

Écrire un texte sur le modèle d'un autre

Le pauvre monstre

Autrefois, dans une ville, vivait un pauvre monstre qui n'effrayait plus personne. Un jour, il décida d'aller à la recherche d'une grimace horrible qui se trouvait au pays lointain des horreurs. Le chemin lui avait été indiqué par un ancien camarade de l'École supérieure des monstres.
Il arriva à l'entrée de la grotte qui était gardée par un féroce dragon qui crachait des gerbes de flammes. Il lutta avec un gourdin qu'il gardait toujours avec lui, il tua l'animal et put entrer dans la grotte où étaient imprimées sur les parois des grimaces toutes plus affreuses les unes que les autres. Il en nota deux ou trois et regagna la ville le plus vite possible.
Depuis ce jour, il parvint encore à donner des frissons à quelques méchantes personnes et il vécut heureux le reste de ses jours.

1. Qui est le héros de ce conte ?

2. Observe les parties soulignée : qu'indiquent-elles ?

- On écrit un texte sur le modèle d'un autre, en conservant la même structure.
- Pour le conte, on choisira :
  - un autre héros : *un bûcheron, une petite fille, une paysanne…*
  - un autre lieu : *forêt, désert, montagnes…*
  - une autre mission : *trouver un trésor, rapporter un objet magique…*
  - d'autres épreuves : *lutter contre un dragon, une sorcière, un géant…*

1* Recopie la première phrase du texte en imaginant un nouveau héros, le lieu où il habite et la difficulté qu'il rencontre.

Exemple : Autrefois, dans une forêt, vivait un pauvre bûcheron qui était trop vieux pour continuer à abattre les arbres.

2* Même consigne pour la deuxième phrase du texte. Imagine ce qu'il va chercher et où il peut trouver ce qu'il cherche.

3 Lis ce texte et, en ne conservant que les parties soulignées, raconte le début d'une autre histoire.**

Ce jour-là, Astrid, qui vient d'entrer dans la salle de bains, est assez surprise d'entendre un léger ronflement. Et que voit-elle, couchée dans son verre à dents ? Une toute petite sorcière qui dort.

Ingrid et Dieter Schubert, *Berthe au grand pied,* Grasset Jeunesse.

4 Recopie les trois premiers vers et place à côté les bonnes questions : quand ? où ? fait quoi ? qui ?**

Ce matin → *quand*
Au détour du chemin
Je rencontrai le printemps.
Vêtu comme un marquis, il avait mis
Des fleurs à son chapeau
Des fleurs à son manteau
Et même sur son dos.

Henriette Ammeux-Roubinet, *Poèmes de x à y* dans *Rencontre avec le printemps,* Saint-Germain-des-Prés

5 Sur le modèle du poème de l'exercice 4, imagine un poème sur la pluie.**

6 En ne conservant que la structure soulignée du texte « Le pauvre monstre », termine l'histoire commencée dans les exercices 1 et 2.**

Évaluation 1

1. Sais-tu ponctuer un texte ?

Mets la ponctuation.

Nils était sur une mince bande de sable devant lui s'étendait un assez grand lac d'aspect peu rassurant une couche de glace noire rugueuse pleine de trous le recouvrait presque entièrement

2. Sais-tu utiliser la négation ?

Écris à la forme négative.

• Gavroche baissa la tête. • Ils campent au bord du fleuve. • J'avais encore des provisions dans mon sac. • Nous avons tout mis dans la valise. • Grand-père avait souvent de bonnes histoires à raconter.

3. Sais-tu poser une question ?

Transforme en phrases interrogatives.

• Vous avez reçu ma lettre. • Tu étudies l'histoire de France. • Tu iras les voir la semaine prochaine. • Nous saurons nous servir de cet ordinateur. • Ils termineront cette toiture demain.

4. Sais-tu distinguer des petits mots (a/à - et/est - on/ont) ?

Complète avec le petit mot qui convient.

• Arrivé au château, le Chat botté … demandé … l'Ogre de se transformer en souris. • Avec des brindilles … de la paille, la pie construit son nid. • Les chattes … fait des petits, … les gardera.

5. Sais-tu écrire le son [ɛ] ?

Complète par la graphie qui convient.

• Nous nous reposons dans la clairi…re de la for…t. • Les enfants j…ttent des cailloux dans la rivi…re. • On voit des écl…rs.

6. Sais-tu écrire le son [o] ?

Complète par la graphie qui convient.

Un imprudent poulet avait prêté de l'argent … roi. Une m…vaise année vint et il demanda de le lui rendre, mais il avait b… écrire, pers…nne ne lui répondait. Il alla frapper à la p…rte du palais.

7. Sais-tu reconnaître le passé, le présent, le futur ?

Indique si le verbe est au passé, au présent ou au futur.

• Demain, le soleil brillera. • Hier, nous avons dîné avec des amis.
• Des oiseaux sortent de la haie. • Sur la colline s'élevait un palais.
• On vit apparaître une femme.

8. Sais-tu trouver l'infinitif d'un verbe ?

Écris à l'infinitif les cinq verbes de ce texte.

Je baisse le couvercle. On entend un grincement. Je regarde derrière moi mais personne n'entre. Je continue.

Évaluation 1

9. Sais-tu conjuguer au présent les verbes avoir et être ?

Écris les verbes au présent.

● Tu *avoir* un gros cartable. ● Nous *être* arrivés. ● Les élèves *être* joyeux. ● Vous n'*être* pas aimable. ● Les oiseaux *avoir* froid l'hiver.

10. Sais-tu classer les mots ?

Classe ces métiers par ordre alphabétique.

serrurier - charcutier - astronome - opticien - boulanger.

11. Sais-tu utiliser l'ordre alphabétique ?

Indique dans quelle encyclopédie il faut chercher les mots suivants : volume 1 A/I - volume 2 J/Q - volume 3 R/Z

mufle - crinière - naseau - garrot - selle.

12. Sais-tu chercher un mot dans le dictionnaire ?

Entre quels mots repères se situent les mots :

fossette - patate - patrouille - implorer - foulard.

PASSER/PATIENT - IMPAIR/IMPOSER - FOUGÈRE/FOYER
FORME/FOUET - PATINER/PAVÉ

13. Sais-tu lire un article de dictionnaire ?

Complète avec ces mots ou ces expressions :

sens du mot
classe du mot
entrée
exemple
mot de sens voisin

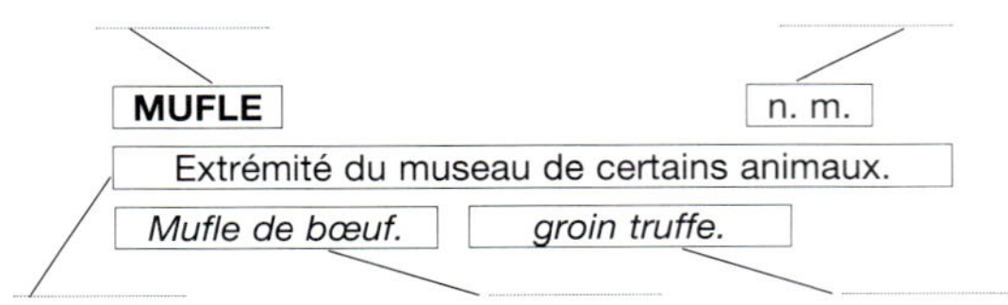

fais ton évaluation

	Je corrige chaque exercice	Je colorie le nombre de bonnes réponses 1	2	3	4	5	Si j'ai moins de 3 cases coloriées, je fais les exercices de révision p. 33-34
GRAMMAIRE	1. Ponctuer un texte						1
	2. Utiliser la négation						2
	3. Poser une question						3
ORTHOGRAPHE	4. Distinguer des petits mots						4, 5 et 6
	5. Écrire le son [ɛ]						7
	6. Écrire le son [o]						8
CONJUGAISON	7. Reconnaître le passé, le présent, le futur						9
	8. Trouver l'infinitif d'un verbe						10 et 11
	9. Conjuguer au présent avoir et être						12
VOCABULAIRE	10. Classer les mots						13
	11. Utiliser l'ordre alphabétique						14
	12. Chercher un mot dans le dictionnaire						15
	13. Lire un article de dictionnaire						16

Révision 1

1

Place les majuscules et les points qui délimiteront les cinq phrases de ce texte.

un beau matin, une chenille pénétra dans le terrier d'un lapin elle s'installa dans le coin le plus chaud le lapin revint bientôt il vit des traces sur le sol il comprit qu'en son absence quelqu'un était entré chez lui

2

Voici des affirmations fausses. Rétablis la vérité à l'aide de phrases négatives.

● Six et trois font huit. ● Les bateaux se déplacent toujours sur l'autoroute. ● Les chats pondent parfois des œufs. ● Mon cheval a volé par-dessus la maison.
● Les cerisiers produisent des noix.

3

Transforme chaque phrase en phrase interrogative de trois façons différentes.

Tu vas à l'école → *Tu vas à l'école ? - Vas-tu à l'école ? - Est-ce que tu vas à l'école ?*

● Tu es d'accord.
● Vous voyez l'arc-en-ciel.
● Il pleut.

4

Complète avec a ou à.

Les paysans disent ... l'envoyé du roi que le marquis de Carabas ... d'immenses propriétés.
Le château ... émerveillé le roi et celui-ci ... donné la main de sa fille ... ce riche marquis. Le jeune prince ... l'air très puissant et il ... plu... la jeune fille.

5

***Complète avec* et *ou* est.**

● Cet enfant ... grand, celui-ci ... petit ● La place du marché ... longue ... large. ● Un chien jaune ... blanc remonte la rue ... inspecte les poubelles. ● Le ciel ... bleu ... les enfants sont joyeux.

6

***Complète avec* on *ou* ont.**

● Quand ... a terminé les moissons, ... laboure les champs. ● ...cueille les tiges qui ... des fleurs.
● Les orages ... provoqué des inondations.
● Les vaches ... des cornes. ● Quand ... a fini son exercice, ... va en récréation.

7

***Complète par le son* [ɛ].**

Au bord de la pr...rie vivent trois comp...res : un moineau, une souris et une ch...vre. Dans leur chaumi...re, il fait bon. La souris se dép...che de m...ttre la table et apporte une b...lle cr...pe ép...sse, grasse et beurrée.

Révision 1

8

***Complète par le son* [o].**

- Amélie ramasse les feuilles avec un rât… . • Blaise a fait un accr… à son tric… . • Ces chev… ont un puissant gal… . • La ménagère utilise un plum… .
- L'escarg… grimpe sur le s… . • Au restaurant, je commande un gig… avec des haric… .

9

Indique si les verbes en italique sont au présent, au passé, au futur.

Dans le sud de l'Iran, un berger *quitte* la ville de Suse pour aller faire paître ses moutons. Avant son départ, le maître *a compté* les animaux. Puis il *a façonné* une petite boule d'argile dans laquelle il *a enfermé* autant de petites billes qu'il y a de moutons dans le troupeau. Lorsque le berger *reviendra*, on *brisera* la boule d'argile pour vérifier si le nombre des moutons *est* le même qu'au moment du départ.

10

Écris l'infinitif des verbes de ce texte.

Des hommes vivent sur les pentes de ces collines. Ils cultivent des champs en terrasse. Ils ramassent dans des paniers la terre qui redescend sans cesse sous l'effet de la pluie et ils la remettent à sa place. Ils accomplissent ce travail avec patience.

11

Relève chaque verbe et indique à quel groupe il appartient.

L'explorateur reprend la route. Il fonce vers le Nil. Deux jours plus tard, il atteint le fleuve. Il remonte le cours d'eau et hurle presque pour hâter l'allure. Enfin, il entend le grondement d'une chute d'eau. Il presse le pas, court même et découvre un paysage merveilleux. Il s'arrête et réfléchit un instant.

12

Complète avec les verbes au présent.

- Je *être* content de vous. • Elles n'*avoir* pas froid aux yeux. • Vous *avoir* une belle moto. • Tu *être* imprudent.
- Nous *être* de bons amis. • Il n'*être* pas venu hier.
- Elle m'*avoir* laissé sa clé. • *Avoir*-tu appris tes leçons ? • Ils n'*être* pas très appliqués. • Vous *être* responsables de ce qui *être* arrivé.

13

Classe ces mots dans l'ordre alphabétique :

cheval - girafe - léopard - fourmi - rhinocéros.

14

Classe par ordre alphabétique :

- rat - rapace - radar - racine - rage.
- gazouillis - gamelle - gavage - gaule - gâteau.
- mas - mastiquer - maison - marche - malade.

15

Entre quels mots repères se trouvent les mots suivants ?

explorer - bateau - pleurer - seau - droit.

16

Écris à côté de chaque mot les abréviations qui conviennent.

maison - boire - chat - aimable - partir - courageux.

Va voir la suite p. 65

GRAMMAIRE

La phrase exclamative

Le chameau volant (1)

Un beau jour, dans le désert, un chameau tombe du ciel.
Mais il n'arrive pas en avion, ni en hélicoptère… Il vole !
Personne n'a encore jamais vu de chameau volant.
Aussi la surprise est-elle gigantesque :
« Regardez, un chameau volant !
– Un chameau volant ? Où ça ?
– Là-haut, près du petit nuage !
– En effet, c'est bien un chameau volant ! »
La fierté des chameaux qui ne volent pas est sans limite.
Ils étirent le cou vers le ciel, lèvent la queue et grommellent, ravis :
« Miracle ! C'est un ange-chameau ! »
Cependant, lorsque le chameau volant atterrit près d'eux, ils tombent à genoux et enfouient leur tête dans le sable, terrorisés.
« N'ayez pas peur, mes amis, leur dit le chameau volant. Je ne suis qu'un chameau, comme vous ! »

1. *Combien y a-t-il de phrases exclamatives dans le texte ?*
2. *Lis les phrases exclamatives avec l'intonation qui convient.*
3. *Quels sentiments expriment les exclamations :* Regardez, un chameau volant !
Miracle ! C'est un ange-chameau !

■ La **phrase exclamative** sert à exprimer un sentiment vif : indignation, surprise, colère, admiration, joie, etc.

■ Elle peut avoir diverses formes.
– Comme il est beau ! – Qu'il est beau ! – Il est beau !

■ Elle se termine toujours par un point d'exclamation (**!**).

1* ***Mets le signe qui convient à la fin des phrases.***

• Tout le monde descend (…) • Quel mastodonte, cet éléphant (…) • Qu'est-ce qu'il y a (…) • Oh ! qu'il est mignon (…) • Qu'elle est petite (…) • Comme c'est étrange (…) • Où est donc le centre du village (…)

2* ***Transforme ces phrases en phrases exclamatives en utilisant :*** **que ou comme.**

Tu as grandi. → Comme tu as grandi !
→ Que tu as grandi !

• Il neige. • Cette ville est immense. • Il travaille avec soin. • Ses amis l'aimaient. • Il a montré de la joie en nous accueillant. • Un peu de chauffage leur ferait du bien.

3* ***Sur ce modèle, transforme les phrases en phrases exclamatives :***

Ce chien est beau. → Quel beau chien !

• Il fait un temps de chien. • Cet homme est bizarre. • Nous éprouvons de la joie de vous revoir. • Cette matinée est splendide. • Cette fille est intelligente. • Il y a du vacarme dans la rue.

4** ***Relie chaque phrase exclamative au sentiment qu'elle exprime.***

Que ce tableau est beau ! •	• douleur
Que je suis heureux de te revoir ! •	• surprise
Quel drôle d'animal ! •	• admiration
Aïe ! Tu me fais mal ! •	• joie

ORTHOGRAPHE

Le son [ɛ̃]

matin, bien, simple, main, empreinte

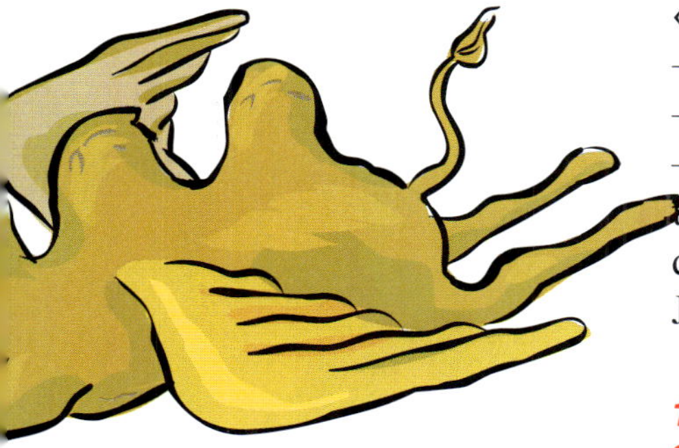

Le chameau volant (2)

« Mais… mais <u>enfin</u>, balbutient les chameaux, tu voles, toi !
– <u>Bien</u> sûr, j'ai appris.
– Tu as appris ?
– Oui, j'ai lu quatre livres sur l'art de voler et j'en ai mangé trois. En outre, j'ai travaillé chez un marchand de cerfs-volants qui m'a enseigné ses secrets. Alors <u>maintenant</u>, je sais voler. Je peux vous expliquer, si vous le désirez. C'est très <u>simple</u>. »

1. *Lis à haute voix les mots soulignés. Quel son ont-ils en commun ?*
2. *Copie les diverses façons d'écrire ce son [ɛ̃].*
3. *Remarque comment s'écrit le son [ɛ̃] dans le mot <u>simple</u>. Comment l'expliques-tu ?*

Le son [ɛ̃] s'écrit le plus souvent :
- **in** → *enfin*
- **en** → *examen*

⚠ Devant **p** et **b**, [ɛ̃] s'écrit **im** → *simple, imbattable.*

Le son [ɛ̃] peut s'écrire aussi :
- **ain** → *pain*
- **ein** → *peinture*
- **aint** → *saint*
- **eint** → *teint*

1* ***Cherche dans ce dessin au moins cinq mots contenant le son [ɛ̃] et écris-les.***

2* ***Trouve les mots qui contiennent <u>ain</u>.***
- Je l'achète chez le boulanger, c'est le … .
- C'est un compagnon de Blanche-Neige, c'est un … .
- Dans la baignoire, je prends un … .
- Les voyageurs montent dans le … .
- L'agriculteur sème du … .

3* ***Trouve les mots qui contiennent <u>ein</u>.***
- Le conducteur appuie dessus pour arrêter sa voiture.
- Léonard de Vinci et Picasso en sont.
- On les laisse en marchant sur le sable humide.
- Le coiffeur en prépare pour changer la couleur des cheveux.

4** ***Complète par <u>ien</u> ou <u>ein</u>.***
- Le mécanic… répare les fr…s de la voiture.
- Le pot est pl… de p…ture.
- Le ch… du pharmac… est b… dressé.
- Chaque soir, l'électric… ét…t son magasin.

CONJUGAISON

Le présent des verbes du 1er groupe

Le chameau volant (3)

« Si vous voulez une démonstration, je commence tout de suite.
– Oui, oui, nous voulons apprendre à voler ! » crient les chameaux au comble de la joie.
Mais ils ne se réjouissent pas longtemps.
Pan ! Pan ! Pan !
Trois coups de fusil résonnent non loin de là.
Le chameau volant fait un bond énorme et s'envole.
Pan ! Pan ! Pan !
Heureusement, il n'est pas touché. Mais deux chasseurs arrivent en courant. Ils sont très en colère.

1. Écris l'infinitif des verbes soulignés, puis dis quels sont les verbes du 1er groupe.
2. À quelle personne et à quel temps est conjugué chacun de ces verbes ?

Au **présent**, les verbes du 1er groupe (infinitif en **-er**) se conjuguent comme **chanter**.

je	chant **e**	nous	chant **ons**
tu	chant **es**	vous	chant **ez**
il/elle	chant **e**	ils/elles	chant **ent**

⚠ **1.** N'oublie pas le **s** à la deuxième personne du singulier : ***tu***.

2. Quelques verbes en **-ir** du 3e groupe se conjuguent comme les verbes en **-er** : *cueillir, assaillir, offrir, ouvrir, tressaillir,* etc.

je	cueill **e**	nous	cueill **ons**
tu	cueill **es**	vous	cueill **ez**
il/elle	cueill **e**	ils/elles	cueill **ent**

1* *Relève les verbes du 1er groupe et écris leur infinitif.*

Aujourd'hui encore, le paludier récolte le sel dans les marais salants. Lentement, l'eau circule dans des bassins de plus en plus petits et de moins en moins profonds. On ne couvre pas les bassins. Le soleil chauffe cette eau. Au fur et à mesure, l'eau disparaît et, seul, le sel reste !

2* *Écris les verbes en italique au présent.*

- Vous *arriver* à la gare à l'heure où le train *démarrer*.
- Tu *quitter* tes camarades maintenant.
- La chatte *sauter* sur la table.
- Nous *avaler* notre goûter.

3* *Même consigne.*

Une auto *arriver* en trombe sur le chemin cahoteux. Ses freins *crisser*, elle *déraper* un peu et s'*immobiliser*. Deux hommes se *précipiter* sur l'oncle Louis. Ils l'*attraper* par les bras, l'*entraîner* et le *pousser* sur la banquette arrière de leur voiture.

D'après Y. Pommaux, *Le Turcus Étoilus,* Bayard Presse.

4* *Écris tu à la place de vous.*

- Vous rêvez souvent en classe.
- Vous n'ouvrez pas la fenêtre.
- Vous cherchez la réponse.
- Vous offrez un cadeau.
- Vous épluchez des légumes.

5* *Écris elles à la place de nous.*

- Nous dansons une valse.
- Nous circulons à pied.
- Nous louons un appartement ensoleillé.
- Nous profitons des vacances.
- Nous aimons beaucoup la mer.

6 *Écris ces proverbes avec les verbes au présent.***

- Cœur qui *soupirer* n'a pas ce qu'il *désirer*.
- Les grands esprits *se rencontrer*.
- La faim *chasser* le loup hors du bois.
- Faute de grives on *manger* des merles.

VOCABULAIRE

Les mots étiquettes

Le chameau volant (4)

Le chameau s'envole un peu plus haut. C'est alors qu'il découvre non loin de lui deux hélicoptères et trois planeurs dans lesquels se trouvent d'autres chasseurs !
Pan ! Pan ! Pan !
La situation semble désespérée. Il y a des chasseurs partout, prêts à tirer sur le malheureux chameau volant.
Du ciel, il aperçoit des gens qui aiguisent de grands couteaux pour le dépecer, et d'autres qui préparent de la paille pour l'empailler.
Alors, il a une idée qui le sauve : il regagne le sol à la vitesse d'une fusée et atterrit au beau milieu du troupeau des chameaux qui ne volent pas.
« Je vous en prie, ne me trahissez pas ! les supplie-t-il. Je ne volerai plus jamais, parole de chameau ! »

D'après Dimiter Inkiow, *Le Chameau volant,* « Cascade contes », Rageot-Hatier.

1. Dans quelle catégorie peux-tu ranger les mots hélicoptères et planeurs ?
2. Trouve un autre mot que tu pourrais ranger dans la catégorie des couteaux.

Quand les mots parlent de la même chose, on peut les regrouper sous un mot étiquette.
Avion est le mot étiquette pour *hélicoptères, planeurs.*

1* Classe les mots sous ces mots étiquettes.

Fleurs	Meubles	Chaussures

sandale - bureau - espadrille - chaise - rose - tulipe - botte - brodequin - armoire - muguet - violette - table.

2* Trouve le mot étiquette pour chacune de ces listes.

- poire - cerise - pomme - banane - noix - fraise.
- lion - tigre - panthère - loup - guépard - lynx.
- méchanceté - colère - jalousie - impolitesse - gourmandise - mensonge.

3* Complète avec un mot étiquette précis.

- Les tenailles, les pinces, le marteau, la scie, le tournevis, le rabot sont des …
- L'ouïe, l'odorat, le toucher, le goût, la vue sont les cinq …
- Le dollar, le yen, le mark, la livre, l'euro, le franc sont des …
- La France, l'Italie, la Chine, la Roumanie sont des …

4* Trouve le mot étiquette de chacune de ces phrases.

- Du saumon à la sardine et de l'espadon à l'anchois, dans le fond de l'eau, chacun dîne d'un plus petit que soi.
- Étourneaux, martinets, merles, rossignols, volez, chantez, personne au monde ne vous condamnera pour chantage ou pour vol.

5* Relève le mot de chaque liste qui ne correspond pas au mot étiquette.

Repas	Sports	Habitation
goûter	lecture	chalet
petit déjeuner	tennis	tunnel
réveillon	football	hutte
dîner	rugby	pavillon
soupe	patinage	manoir

6 Trouve cinq mots pour chaque catégorie.**

Qualités	Bruits	Vêtements

7 Trouve trois mots pour chaque catégorie.**

Villes	Légumes	Fleuves et rivières	Maladies

VERS L'ÉCRIT

La publicité

1. *De quel produit fait-on la publicité ?*

2. *Lis la phrase qui parle de ce produit. Cette phrase s'appelle un slogan. Quel est le but de cette publicité ?*

■ Une publicité cherche à **faire acheter** un produit.

■ Elle est généralement composée :
– d'un **dessin** ou d'une **photographie** indiquant clairement le nom du produit,
– d'un ou de plusieurs **slogans**.

■ Elle essaie d'**impressionner** le lecteur en vantant les qualités de ce qui est vendu.

1* ***Pourquoi le publicitaire a-t-il transformé l'image du produit ? Comment l'a-t-il fait ?***

2* ***Recopie seulement les slogans qui vont pousser le lecteur à acheter.***

- Nesquik est une poudre à base de chocolat.
- Nesquik pour un excellent petit déjeuner !
- Nesquik est un produit de la marque Nestlé.
- Pas de petit déjeuner sans Nesquik.
- Avec Nesquik faites le plein d'énergie !

3* ***Recopie seulement les slogans qui indiquent que le produit n'est pas cher.***

• La Gazelle est une bonne voiture. • Moins d'essence, plus d'économie avec La Gazelle ! • La Gazelle : prix d'ami, prix mini ! • Avec La Gazelle, roulez à moitié prix ! • Achetez La Gazelle ! • En promotion, La Gazelle à prix écrasé !

4** ***Découpe une publicité dans un magazine et transforme-la à ton goût.***

5** ***Imagine la publicité d'un produit qui te permette de voler dans les airs. Donne-lui un nom et trouve-lui un slogan.***

La phrase impérative

Opération caleçon au CE2 (1)

Nicolas grimpe dans sa chambre accompagné de ses copains. Du Velux, ils peuvent observer la grande baraque grise. À la lucarne, apparaît, en guise de drapeau, un caleçon placé au sommet d'un bâton.
« On ne peut pas voir les détails ni l'intérieur de la pièce, dit Ludovic.
– Attends. J'ai une idée ! »
Nicolas disparaît et revient bientôt avec un étui noir et lourd dont il extrait avec précaution une belle paire de jumelles.
« Prête-les moi ! crie Ludovic.
– Reste tranquille. Il faut que je les règle ! Fais attention. C'est lourd, c'est fragile et c'est super cher. Si on les abîme, mon père sera furieux. »

1. *Lis les phrases dans lesquelles les deux enfants se donnent des ordres.*
2. *Suppose que les deux enfants se vouvoient : reformule les phrases.*

La **phrase impérative** sert à :
– donner un ordre : *Prête-moi les jumelles.*
– donner un conseil : *Fais attention.*
– interdire quelque chose : *Ne touche pas aux jumelles.*

1* ***Relève les phrases à l'impératif.***

Un grand vent s'éleva et le gigantesque oiseau parut.
« Vite ! Emporte-moi ! » cria le bûcheron, impatient.
L'oiseau s'envola donc avec l'homme sur son dos et ils se posèrent dans l'île au milieu de la mer, au pied de la montagne enchantée.
« Va et ramasse l'or, dit l'oiseau. Mais prends garde de t'attarder car le soleil va rentrer se coucher. »

2* ***Transforme les phrases de cette recette en phrases impératives :***

Vous éplucherez les oignons. → *Épluchez les oignons.*

LA TARTE À L'OIGNON

Vous éplucherez les oignons. Vous préparerez la pâte à tarte. Puis vous mélangerez le lait, les œufs et la crème fraîche. Vous ajouterez les oignons cuits. Vous mettrez la préparation sur la pâte et vous enfournerez.

3* ***Rédige cette recette avec des phrases déclaratives :***

LES CAROTTES RÂPÉES

Grattez et lavez les carottes. Râpez-les. Ajoutez une vinaigrette. Remuez. Goûtez et mettez l'assaisonnement au point.

4** ***Transforme ces phrases selon le modèle :***
La maîtresse dit : « Apporte-moi ton cahier. »

• La maîtresse dit à un élève de lui apporter son cahier. • La maman de Ludovic dit à son fils de se laver les mains. • Le gendarme dit à un automobiliste de lui montrer ses papiers. • Le mécanicien dit à son apprenti d'aller lui chercher une clé.

5** ***Quelles phrases expriment un ordre, un conseil, une interdiction ?***

• Couvrez-vous bien, il fait froid. • Ne marchez pas dans les plates-bandes. • Arrêtez-vous. • Cesse de faire l'idiot. • Prenez plutôt cet itinéraire, il est plus court. • Allez me chercher mes lunettes.

ORTHOGRAPHE

Ne confonds pas son et sont

Opération caleçon au CE2 (2)

Nicolas manipule la bague de réglage jusqu'à ce qu'il y voie distinctement.

« C'est bien un caleçon, conclut-il, bleu et vert. »

Les autres sont impatients en attendant leur tour. Enfin, Nicolas consent à céder son poste. Chacun reste en observation le plus longtemps possible, jusqu'à ce que le suivant lui arrache presque les jumelles des mains.

Pour Gilles, il faut refaire le réglage à cause de ses lunettes. Alors, il passe en dernier. Tandis qu'il scrute les formes sombres des lucarnes, il lui semble distinguer une tache claire derrière le vêtement.

1. Lequel des deux mots soulignés peut être remplacé par étaient ?

2. Remplace le mot poste par place. Quel mot remplacera son ?

3. Remplace maintenant le mot poste par jumelles. Que devient son ?

- **sont**, verbe être, peut se remplacer par **étaient** :
Les jumelles sont à Nicolas. → Les jumelles étaient à Nicolas.
- **son** peut se remplacer par **ses** :
Il prend son caleçon. → Il prend ses caleçons.

1* *Complète avec étaient ou son.*

- Nos amis … en vacances.
- À neuf heures, le charcutier ouvre … magasin.
- La jument et … poulain … dans l'enclos.
- Des bibelots … sur la cheminée.
- Nicolas et Ludovic … attentifs.
- Il a pris … parapluie car des averses … prévues.
- Les trois chats … avec … frère.

2* *Complète avec sont ou son.*

- Le clown perd … pantalon.
- Le promeneur siffle … chien.
- Les routes … encombrées.
- Les spectateurs … contents.
- La poule et … poussin … dans la basse-cour.
- Valérie et … frère … au cinéma.
- Les arbres … fleuris et Marie ceuille des roses pour … bureau.

3 *Complète avec sont ou son.***

- Le maître utilise … canif pour décacheter … courrier.
- Les rues … silencieuses et les passants … rares.
- Les spectateurs … enthousiastes quand l'équilibriste termine … numéro.
- Le plombier et … apprenti … dans la chaufferie.
- Mon frère cherche … tournevis pour réparer … vélo.

4 *Même consigne.***

- Mon chat dort sur … coussin.
- Les joueurs … à l'entraînement.
- Tous les ascenseurs … en panne.
- Le pêcheur s'en va avec … matériel et … pliant vers le coin où les poissons … nombreux.
- Mon frère prend … vélo pour aller chercher … journal.
- Le jardinier rapporte des légumes dans … panier ; ils … tout frais.

5 *Écris deux phrases avec son et sont.***

CONJUGAISON

Le présent des verbes du 2e groupe

Opération caleçon au CE2 (3)

Soudain la vitre s'ouvre, le caleçon disparaît à l'intérieur et la fenêtre se referme aussitôt.
Le même « Oh ! » jaillit des quatre poitrines.
« Vous avez remarqué la forme blanche, derrière la fenêtre, dit Gilles qui réfléchit, on aurait dit une figure.
– C'était peut-être un reflet ou une tache sur le mur.
– Non, il y avait quelqu'un, concède Ludovic, le caleçon n'est pas parti tout seul. »
Penchés sur le bord du Velux, les quatre observateurs ne quittent plus des yeux la lucarne mystérieuse. (...)

1. Indique l'infinitif et le groupe des verbes soulignés.
2. À quelle personne est conjugué chacun des verbes du 2e groupe ?
3. Conjugue ces verbes au présent à la première personne du pluriel.

Les verbes du 2e groupe se conjuguent tous comme le verbe **finir**.

je	fin **is**	nous	fin **issons**
tu	fin **is**	vous	fin **issez**
il/elle	fin **it**	ils/elles	fin **issent**

Rappel : les verbes du 2e groupe ont l'infinitif en **-ir** et la première personne du pluriel en **-issons** *(finir, nous finissons)*.

1* *Complète le tableau.*

	Infinitif du verbe	1re pers. du pluriel	Groupe
Le jaguar bondit.	....	....	....
Tu parcours dix kilomètres.	....	....	....
Je sors de l'école.	....	....	....
Le soleil ternit la peinture.	....	....	....
Il saisit la poignée.	....	....	....

2* *Écris vous à la place de tu et indique le groupe de chaque verbe.*

- Tu bâtis une cabane.
- Tu tiens à tes amis.
- Tu fournis un effort.
- Tu choisis un jeu.
- Tu viens à l'improviste.

3* *Écris les verbes au présent.*

● Elle *avertir* les pompiers. ● Nous *fournir* un gros travail. ● Les phares *éblouir* le conducteur. ● Vous *rougir* facilement. ● Vous *choisir* un livre. ● Tu *salir* ton chemisier. ● L'eau *tiédir* dans la bouilloire. ● Elle *pâlir* de colère. ● Les coureurs *franchir* l'obstacle. ● Ce chemin *aboutir* à la forêt.

4 *Écris les phrases suivantes au présent.***

● Ma sœur a beaucoup grandi. ● Vous obéirez sans discuter. ● Tu n'as pas maigri. ● Les feuilles des vignes ont rougi à l'automne. ● Des coups de tonnerre ont retenti. ● Les orages rafraîchissaient le temps. ● Nous avons pétri la pâte à tarte.

5 *Conjugue au présent :***
choisir une boisson et remplir un verre.

6 *Conjugue au présent :***
cueillir des fleurs et garnir un vase.

VOCABULAIRE

Les mots de la même famille (1)

Opération caleçon au CE2 (4)

Nicolas sort de son tiroir un superbe caleçon à damiers noir, jaune et vert fluo, la grande mode de l'été passé.
Laure le fixe au sommet du Velux et l'étale le plus possible sur la vitre pour qu'on le voie bien.
« Notre réponse est installée, voyons ce qui se passe. »
À ce moment, on entend la porte d'entrée s'ouvrir, c'est la maman de Nicolas qui arrive. Ils expliquent qu'ils sont venus chercher dans les dictionnaires des informations sur Jacques Prévert. Bien obligés de recopier sur un coin de cahier la biographie du poète, ils piaffent d'impatience.
Quand enfin ils remontent dans la chambre, à la fenêtre d'en face, le vêtement bleu et vert est là.

D'après Catherine Missonnier, *Opération caleçon au CE2*, « Cascade », Rageot Éditeur.

1. Tiroir, tirer, étirement, tirage, tireur, attirer *: qu'est-ce que ces mots ont en commun, au niveau du sens ? au niveau de la forme ?*

■ À partir d'un mot simple, on peut former des mots dérivés qui ont une partie commune et qui font penser à la même idée.
fruit, fruitier, fruité

■ Parfois, le mot simple peut se modifier légèrement.
balance, balancer, balancier, balançoire…

■ Ce sont ces mots dérivés qui forment une famille.

1* ***Recopie ces listes en soulignant le mot simple.***

- conditionnel - condition - conditionner - inconditionnel.
- éclatement - éclater - éclatant - éclat.
- froid - froidement - froideur - refroidir.

2* ***Recopie ces listes en soulignant la partie du mot simple que tu retrouves.***

- marché - marchand - marchandise - marchander.
- mécanique - mécanicien - mécaniquement - mécanisme.
- peintre - peinture - peindre - repeindre.

3* ***Recopie uniquement les mots de la même famille.***

corrigé - correct - correctement - corsaire - correctif - corsage - incorrection - cortège - incorrigible.

4** ***Relève l'intrus dans chaque liste. Tu peux vérifier dans le dictionnaire si tu as des doutes.***

lit	laitue	poisson	nouveau
aliter	allaiter	poisseux	renouer
literie	laiterie	poissonnerie	renouvelable
litière	laitière	poissonnier	renouvellement
litre	lait	poissonneux	renouveau

5** ***Trouve trois mots de la famille de chacun des mots indiqués.***

bord	long	plat	laver
………	………	………	………
………	………	………	………
………	………	………	………

VERS L'ÉCRIT

La publicité : les slogans

1. *Comment ces publicités vantent-elles les produits présentés ?*
2. *Relève les phrases qui en parlent de manière amusante.*

Pour que le slogan soit mieux retenu, le publicitaire joue avec :
– les sonorités : *Mikado c'est rigolo.*
– les mots : *Je vais y avoir droit, elle m'a appelé mon chou.*
– la grammaire : phrase interrogative : *Êtes-vous à la mode ?*
phrase impérative : *Buvez Citrona ! Ne perdez plus votre temps !*

1* *Dis sur quoi jouent ces slogans.*

- *Zoulou* le magazine qui dit tout sur tout.
- Communique avec tes copains !
- T'abonner à *P'tit Fou* c'est malin comme tout.
- Qu'attends-tu pour t'abonner à *P'tit Fou* ?
- Emporte un petit cadeau avec toi !

2* *Tu veux lancer une nouvelle marque de chocolat. Imagine trois slogans en utilisant chacune des formes énoncées dans le résumé.*

3 *Découpe des publicités avec slogans dans des magazines. Amuse-toi à changer les slogans soit en détournant les qualités du produit, soit en trouvant d'autres qualités réelles ou imaginaires.***

4 *Tu es fabricant de VTT et tu veux vendre un nouveau modèle. Donne un nom à celui-ci et imagine un slogan qui joue avec les sonorités.***

Collectivement, vous pouvez faire une exposition de ces nouvelles publicités avec de curieux slogans.

GRAMMAIRE

Les constituants de la phrase simple : GNS et GV

La mésange (1)

Un vieux chasseur s'est assis sur une grosse pierre dans la clairière. La journée a été fatigante et il revient bredouille. Soudain, il entend un frôlement tout près de lui. Il tourne la tête. Une mésange s'est posée sur une branche. Elle pousse de petits sifflements plaintifs.

Mésange bleue

*1. Dans la phrase soulignée, il désigne la personne qui fait l'action : c'est le **groupe nominal sujet (GNS)** ; tourne la tête désigne l'action, c'est le **groupe verbal (GV)**. Quel est le GNS et le GV de la dernière phrase ?*

2. Relève une autre phrase en séparant le GNS et le GV.

La phrase simple est constituée de deux groupes de mots :
le groupe nominal sujet (GNS) et le groupe verbal (GV).

La mésange	*pousse de petits sifflements.*
GNS	GV

1* *Relie pour former des phrases.*

L'autobus •	• sortent du bureau.
Ma sœur et moi •	• passe au rouge.
Les employés •	• règle la circulation.
L'agent •	• est complet.
Le feu •	• attendons devant le cinéma.

2* *Copie ces phrases et souligne en bleu les GNS et en rouge les GV.*

- La fée met sa robe en mousseline.
- La robe se couvre de plumes.
- La fée prend une belle cape.
- La cape devient des ailes.

3* *Même consigne.*

- Le sanglier fouille la vase du marécage.
- Une grosse tortue grise s'approche doucement.
- La tortue adresse la parole au sanglier.
- Le sanglier regarde bêtement la tortue.

4* *Souligne le GNS de chaque phrase.*

- Les enfants n'aiment pas les jours de pluie.
- Les rosiers et les ronces de la haie ont des épines.
- Des paons aux plumes multicolores se promènent en liberté dans le jardin public.

5* *Souligne le GV de chaque phrase.*

- Nous aimons les raisins bien mûrs.
- Le héron pêche des goujons.
- Le cinéaste tourne un film.
- Le stylo de Valentin a une plume en or.
- Le cirque a monté son chapiteau.

6 *Complète chaque phrase soit par un GNS soit par un GV.***

• regarde passer les avions • une petite fille blonde • le grand navire • rentre chez lui après la classe • a pondu un bel œuf blanc • les abeilles.

ORTHOGRAPHE

Le son [ɑ̃]

chant, lent, chambre, paon

Mésange charbonnière

Mésange bleue

La mésange (2)

Le chasseur entendant ces sifflements, comprend très vite que la mésange ne s'est pas posée là par hasard. Généralement, ces oiseaux craintifs redoutent la présence de l'homme. Elle semble avoir une aile endommagée. Malgré ses efforts incessants, elle ne peut reprendre son envol.

1. *Relève tous les mots qui contiennent le son [ɑ̃].*
2. *Copie les diverses façons d'écrire ce son dans ces mots.*
3. *Dans le mot semble, comment s'écrit le son [ɑ̃] ? Quelle lettre le suit ? Vois-tu un rapport avec le son [ɛ̃] écrit im comme dans simple, timbre ?*

- Le son [ɑ̃] s'écrit le plus souvent **an** ou **en** : *entendant - mésange - reprendre*.
  ⚠ Devant **p** ou **b**, [ɑ̃] s'écrit **am** ou **em** : *empêcher - ensemble - ample - ambulance.*
- À la fin d'un mot, [ɑ̃] s'écrit **-ant** ou **-ent** : *incessant - sifflement*.

Il peut s'écrire aussi : **-and** → *marchand* **-anc** → *banc* **-ang** → *étang* **-eng** → *hareng*
  ⚠ On peut souvent deviner la consonne muette finale en cherchant un mot de la même famille : *marchand* → *marchander* *blanc* → *blancheur*.
- Le son [ɑ̃] s'écrit parfois **-aon** : *paon, faon.*

1* ***Place ces mots dans la colonne qui convient.***

en se lit [ɑ̃]	**en se lit** [ɛ̃]
hareng..............................	*rien*............. ....
....	....

le vent - bien - l'entrée - la lenteur - le chien - l'enveloppe - l'examen - l'électricien.

2* ***Copie les mots dans la case qui convient.***

On entend [ɑ̃]	**On n'entend pas** [ɑ̃]
le rang..............................	*animal*..............................
....	....

le sang - maman - un gant - l'anneau - le banc - ton anniversaire - une rangée - une année - une banane.

3** ***Trouve des mots qui se terminent par -ment :***

On charge la péniche → Le chargement.

- On panse le blessé. • On commence la leçon.
- On claque des mains. • On amuse les camarades.

4** ***Remplace le groupe souligné par un mot en -ment :***

Il court d'une manière rapide → Il court rapidement.

- Nous passons des vacances d'une manière agréable.
- Nous jouons d'une manière gentille.
- Il répond d'une manière claire.
- Il parle d'une manière joyeuse.

5** ***Transforme selon le modèle :***

Je parle et je mange → Je parle en mangeant
ou Je mange en parlant.

- J'arrive et je ris.
- Je m'habille et je chante.
- Je parle et je cours.
- Je rêve et je dors.

CONJUGAISON

Le présent des verbes voir, aller et venir

Rossignol

La mésange (3)

Le chasseur voit la mésange souffrir et décide de la soigner. Ce n'est pas facile ! Il faut lui inspirer confiance et la nourrir. Il prend la petite blessée avec précaution et va jusque chez lui. Il vit dans une maison où fleurissent toutes sortes de plantes. L'homme vient près de l'armoire où se trouvent les pansements mais aussitôt, la mésange lui échappe, s'affole et cherche à sortir. C'est alors qu'elle entend un bruit familier. Elle se ressaisit, finit par se calmer et regarde autour d'elle… c'est le vieux chasseur qui imite son chant !

1. *Quel est l'infinitif des trois verbes soulignés ?*
2. *Conjugue le verbe aller à toutes les personnes. Que constates-tu à propos du radical ?*
3. *Même consigne pour le verbe venir.*
4. *Que remarques-tu, à propos du verbe voir, aux deux premières personnes du pluriel ?*

voir		aller		venir	
je	vois	je	vais	je	viens
tu	vois	tu	vas	tu	viens
il/elle	voit	il/elle	va	il/elle	vient
nous	voy**ons**	nous	all**ons**	nous	ven**ons**
vous	voy**ez**	vous	all**ez**	vous	ven**ez**
ils/elles	voi**ent**	ils/elles	vont	ils/elles	vienn**ent**

1* *Relie pour obtenir des phrases.*

L'élève • • interviennent à temps.
Je • • voyez une solution.
Nous • • vas te promener.
Les sauveteurs • • allons chercher notre ami.
Vous • • revoit sa leçon.
Tu • • viens de gagner la course.

2* *Indique pour chaque phrase l'infinitif du verbe conjugué.*

- Je vais à la mairie.
- Tu vois passer une ambulance.
- Il vient de faire une chute.
- Elles vont à New York.
- Ils voient leurs cousins.
- Les chèvres viennent brouter.

3* *Copie en conjuguant les verbes au présent.*

• Nous *voir* cela d'un mauvais œil. • Tu *obtenir* de bons résultats. • Ils *entrevoir* la vérité. • Je ne vous *retenir* pas. • Vous *revoir* ce vieux film avec plaisir.

4* *Même consigne.*

• Tu *parvenir* à réparer ta raquette. • La météo *prévoir* du mauvais temps. • Tu *aller* à l'école tous les jours. • Ces légumes *provenir* de la région. • Les hirondelles arrivent quand le printemps *revenir*.

5 *Écris au présent.***

• Ils revoyaient ce film avec plaisir. • J'allais tous les jours à l'école. • Ils revenaient du stade tout essoufflés. • Tu voyais toujours le bon côté des choses. • Nous voyions le soleil se lever sur la mer. • Vous alliez d'un bon pas. • Il venait de croiser un groupe bruyant.

Merle noir

VOCABULAIRE

Les mots de la même famille (2)

Moineau domestique

Moineau friquet

La mésange (4)

Le vieux chasseur continue à pousser d'autres sifflements. En effet, il a appris le langage de presque tous les passereaux : celui des moineaux, des merles, des rossignols et, bien sûr, celui des mésanges.
Mis en confiance, l'oiseau hasarde à son tour quelques notes pour le remercier de ses bons soins. Le chasseur se sent soudain tout ému. Il prend une décision. Il soignera le plus lentement possible sa compagne pour la garder un moment près de lui et la protéger du froid et du brouillard.

1. Trouve deux mots de la famille de remercier.
2. Cherche dans ce texte un mot de la famille de décider.

Une famille de mots regroupe des mots.

■ Les mots d'une même famille ont une partie commune : le radical.
merci – remercier – remerciement.

■ On obtient des mots de la même famille (mots dérivés) :
– soit à l'aide d'un suffixe placé après le radical : *tirage*.
– soit à l'aide d'un préfixe placé avant le radical : *étirement*.

1* *Trouve le mot simple commun à chacune des listes.*

- alourdir - lourdeur - lourdement - lourdaud.
- sursauter - tressauter - sauter - sauteur.
- froidure - refroidir - froideur - froidement.

2* *Trouve des mots dérivés en ajoutant le préfixe re- ou dé-.*

	re-	dé-
laver	....	....
placer	....	....
faire	....	....
clouer	....	....

3* *Trouve des mots dérivés en ajoutant le suffixe -er ou -eur.*

	-er	-eur
plant	....	....
camp	....	....
prêt	....	....
coup	....	....

4 *Recopie les mots en soulignant les préfixes ou les suffixes.***

reprendre - peinture - impossible - grimpeur - déboucher - montage - surcharger - grincement.

5 *Complète cette grille avec des mots de la même famille.***

Horizontalement
1. Personne qui écrit des ouvrages.
2. Manière de tracer les lettres.
3. Panneau portant une inscription.

Verticalement
A. Épreuve écrite d'un examen.
B. Synonyme de marquer, inscrire.

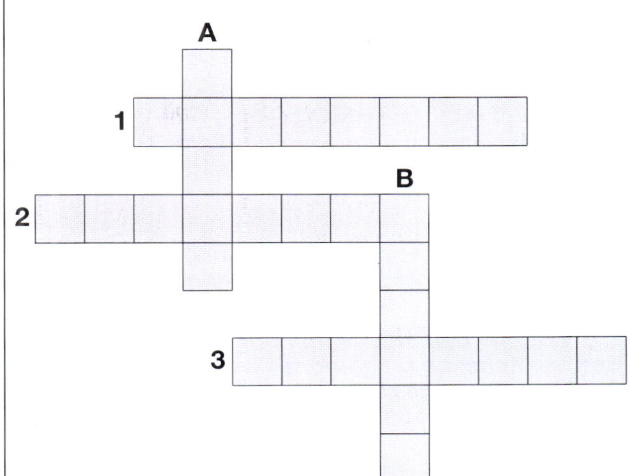

VERS L'ÉCRIT

L'affiche

1. Quel événement annonce cette affiche ? Quelles indications donne-t-elle ?

2. Relève le slogan publicitaire. Quel est le type de phrase utilisé ?

■ Une affiche invite le lecteur à faire quelque chose :
– acheter un produit : **affiche publicitaire** ;
– visiter un pays : **affiche touristique** ;
– assister à une manifestation, à une fête ou à un événement.

■ Une affiche comporte généralement :
– un dessin ou une photographie,
– des informations écrites, s'il s'agit d'un événement : nature de l'événement, lieu, date et heure.

1* ***Imagine un autre slogan pour l'affiche ci-dessus (tu peux jouer avec les mots, poser une question ou donner un ordre).***

2* ***Imagine un slogan pour annoncer une fête foraine avec toutes sortes d'attractions.***

3* ***Imagine une affiche humoristique (pour faire rire) qui annonce un grand rassemblement de monstres avec concours d'horreurs. Précise le lieu, la date et ajoute un slogan.***

4* ***Imagine une affiche humoristique annonçant un concours pour établir un record de ton choix.***

5** ***Imagine une affiche pour présenter une manifestation à l'endroit où tu habites ou dans ton école. Fais un dessin qui illustre ce qui va se passer.***

6** ***Imagine une affiche touristique pour inciter les lecteurs à venir visiter ta ville, ton village ou ta région. Dessine un paysage qui te plaît, imagine un slogan.***

Tu peux préciser la saison si tu proposes une activité particulière : baignade, promenades en été ; ski, patinage en hiver...

GRAMMAIRE

Le verbe

Drôle de samedi soir (1)

Harper adorait les samedis soirs. Enfin ceux où ses parents sortaient et où il restait seul. Ce samedi soir-là, Harper commença les préparatifs en vue de la soirée. Il s'étira. Il prit sous son bras gauche une dizaine d'illustrés. Il quitta sa chambre. Il descendit à la cuisine. Il sortit du frigo l'assiette de poulet et pressa presque entièrement le tube géant de mayonnaise par-dessus. Il s'assit. Il alluma la télé. C'est alors que l'on sonna à la porte. Harp fronça les sourcils. Cela n'était jamais arrivé. Jamais.

1. Copie les phrases soulignées. Entoure les verbes en rouge et les groupes sujets en bleu.
2. Les parties de phrases non entourées sont les compléments du verbe. Ces compléments sont-ils indispensables pour la compréhension ?
3. Y a-t-il des phrases sans compléments ? lesquelles ?

- Le verbe est le constituant principal du groupe verbal.
- Il est souvent accompagné d'un deuxième groupe nominal que l'on appelle son complément.
- Le verbe a toujours un sujet : le GNS.

L'enfant (GNS) *adorait* (Verbe) *les samedis soirs.* (GN complément) — Verbe + GN complément = GV

1* Copie les phrases. Entoure les verbes et souligne les sujets.

- Le boulanger cuit le pain dans un four.
- On lit l'écriture arabe de droite à gauche.
- Le menuisier a fabriqué des échasses pour François.
- Des chutes de neige importantes ont obligé les chasse-neige à arrêter leur activité.
- Une route touristique conduit au pied du glacier.

2* Même consigne.

Les enfants soupèrent chez le meunier. Puis ils allèrent au château. Ils y trouvèrent un bon lit. Ils décidèrent que deux d'entre eux dormiraient pendant que le troisième veillerait.
Vers minuit, le guetteur entendit un grand bruit d'ouragan. On frappa trois grands coups à la porte. L'enfant n'ouvrit pas.

3 Complète avec les verbes qui conviennent.**

- La secrétaire … un papier dans sa corbeille.
- Le singe … une banane, puis … sur le cocotier.
- Le tracteur … une remorque. • Les jeunes chiens … les os. • Les lampadaires … les rues.

4 Dans ces phrases, souligne le GV.**

- Pour mes huit ans, mes camarades m'offrent un perroquet articulé en carton multicolore.
- Dimanche, nous avons déjeuné à la réserve de Thoiry avec mes parents et ma petite sœur Carole.
- Pendant les vacances, nous avons joué dans le grenier.
- Cet été, nous avons nagé dans la mer Rouge.

5 Si l'on supprime le complément du verbe, certaines phrases conservent malgré tout un sens. Lesquelles ?**

- Le wagon-restaurant est ouvert aux touristes.
- Les contrôleurs demandent les billets aux voyageurs.
- Une file de taxis prend de nombreux voyageurs.
- Des parents attendent leurs enfants.
- Une grue gigantesque monte les matériaux.

ORTHOGRAPHE

Ne confonds pas ou et où

Drôle de samedi soir (2)

Qui pouvait venir à cette heure-ci ? Ses parents auraient-ils oublié quelque chose ? Non, et dans ce cas-là, il aurait entendu le ronflement du moteur de la voiture ou le grincement des portes du garage. À nouveau, la sonnerie retentit pour la deuxième fois. On s'impatientait. La maison où Harper habitait était en pleine campagne. Harper n'aurait pas su dire pourquoi, mais il eut peur soudain. Le visiteur avait une façon brutale de sonner ! Il savait que l'on voyait la lumière de la rue, inutile donc d'essayer de faire croire que la maison était vide. Que faire ?

1. Lequel des deux mots soulignés peux-tu remplacer par ou bien ?
2. Lequel peux-tu remplacer par l'endroit où ?

■ **ou** sans accent indique un choix. Il peut se remplacer par **ou bien**.
Faut-il répondre ou (= ou bien) *rester silencieux ?*

■ **où** avec accent indique un lieu.
Harper sait où (= l'endroit où) *se trouve le visiteur.*

1* *Choisis entre où et ou bien.*

• Veux-tu une glace … un sorbet ? • Peux-tu me dire … tu iras en vacances ? • … puis-je m'asseoir ? • Quel vélo préfères-tu, le VTT … le vélo de course ? • Voici la ville … je suis né.

2* *Même consigne.*

• … veux-tu aller, au théâtre … au cinéma ? • Voici un bouquet … il y a des roses et des œillets. • Au cas … le magasin ne serait pas encore ouvert, attends … reviens à la maison.

3 *Choisis entre où et ou.***

• Du balcon … j'aime me reposer, je vois les voitures qui montent … descendent l'avenue. • Je planterai un sorbier … un magnolia à l'endroit … il y avait le saule pleureur. • À la brasserie … je déjeune, on peut manger au menu … à la carte. • … as-tu acheté ces fruits ? au marché … dans une grande surface ?

4 *Même consigne.***

• Mon chien va à l'endroit … il a caché son os. • La plage … nous étions en vacances était polluée. • Demain, suivant le temps, … je ferai du vélo … je resterai à la maison. • Il me suit partout … je vais. • Prends l'un … l'autre. • Je serai absent un mois … deux.

5 *Même consigne.***

• De l'endroit … je suis, je vois les voitures qui vont vers Paris … vers Chartres. • Je mettrai un tableau pour cacher l'endroit … la tapisserie est abîmée. • Dans la pâtisserie … nous irons, nous pourrons acheter une tarte … un gâteau. • Suivant les circonstances, elle parle arabe … français. • … mettras-tu ta valise en attendant ?

6 *Écris une phrase contenant ou et une phrase contenant où.***

CONJUGAISON

L'impératif présent

Drôle de samedi soir (3)

Harper se leva et se tint quelques secondes immobile au milieu des journaux. Un instant, il espéra que le visiteur était parti, mais la troisième sonnerie retentit, plus stridente que les deux autres. Il soupira et traversa la pièce en direction de l'entrée. Il pensa qu'il n'était pas très rassuré mais qu'il ne pouvait passer la soirée à faire attendre quelqu'un… Après tout, c'était peut-être un collègue de bureau de son père. Harper posa les doigts sur le bouton de la porte, le tourna et ouvrit. L'homme attendait. « Entrez », dit-il.

1. Le verbe souligné a-t-il un sujet exprimé ?
2. À quelle personne est-il conjugué ?

L'impératif ne se conjugue qu'à trois personnes, sans sujet exprimé.

	chanter	finir	prendre	être	avoir
2e pers. du sing.	chante	finis	prends	sois	aie
1re pers. du pluriel	chantons	finissons	prenons	soyons	ayons
2e pers. du pluriel	chantez	finissez	prenez	soyez	ayez

⚠ Contrairement au présent de l'indicatif, les verbes du 1er groupe (en **-er**) ne prennent **pas de -s** à la deuxième personne du singulier.

indicatif : tu chantes — impératif : chante

1* Dans cette recette, relève les verbes à l'impératif.

Gâteau au chocolat

- Mets 125 g de sucre dans un saladier.
- Casse 4 œufs en séparant le jaune et le blanc.
- Mélange les jaunes avec le sucre.
- Monte les blancs en neige.
- Fais fondre 250 g de chocolat avec 125 g de beurre.
- Verse-les dans le saladier.
- Tourne doucement.
- Incorpore les blancs en neige.
- Enfourne et mets à cuire à feu moyen.

2* Écris la recette de l'exercice 1 à la deuxième personne du pluriel.

3 Donne trois ordres à l'aide de verbes au présent de l'impératif.**

4 Recopie en mettant à la deuxième personne du singulier de l'impératif présent.**

Comment te réconcilier avec ton ami(e) ?
Voici quelques conseils.

- *Tu te mets à la place de l'autre.*
  → *Mets-toi…*
- Tu mets ta fierté dans ta poche et tu fais le premier pas.
- Tu lui fais un cadeau.
- Tu l'invites.
- Tu évites que les autres se mêlent de vos affaires.
- Tu ne fais pas comme si cela t'était égal.

VOCABULAIRE

Les synonymes (1)

Drôle de samedi soir (4)

L'homme parut <u>gigantesque</u> à Harper, mais cela devait être un effet de la lune ; on voyait mal où s'arrêtait le sommet de sa tête, il était <u>immense</u> sur le fond des arbres.
L'étranger avança d'un pas et se trouva aussitôt dans l'entrée. Harper put mieux le voir : il était certain de ne l'avoir jamais rencontré. C'était en fait un homme de taille moyenne pas vraiment <u>colossal</u>, dans les quarante ans, ses biceps roulaient sous son pull-over. Il portait une casquette à visière, des baskets démodées et un jean trop large. Il avait une musette sur le côté. Harper nota que la bandoulière de toile était nouée comme une ficelle. En plus, ce type ne devait pas s'être rasé depuis trois jours.
« Tu es seul, petit ? »

D'après Claude Klotz, *Drôle de samedi soir*, « Livre de poche », éd. Hachette.

1. *À quoi servent les mots soulignés ?*
2. *Ces trois mots ont-ils le même sens ?*

■ On appelle **synonymes** des mots qui ont le même sens ou presque le même sens : *enfant, bambin, marmot, gosse, môme, gamin, mioche* sont des synonymes.
■ On les utilise pour éviter les répétitions à l'écrit.

1* ***Trouve le synonyme de chaque nom :*** **histoire, bois, morceau, vêtement, commerçant.**

habit - fragment - récit - forêt - marchand.

2* ***Même consigne avec les adjectifs :*** **flexible, cruel, sincère, gentil, circulaire.**

franc - souple - aimable - rond - méchant.

3* ***Même consigne avec les verbes :*** **incliner, éprouver, donner, célébrer, orner.**

fêter - ressentir - pencher - offrir - décorer.

4** ***Chasse l'intrus dans chaque ligne.***

- maison - habitation - villa - chalet - piscine.
- frayeur - peur - panique - joie - frousse.
- immense - grand - minuscule - large - gigantesque.
- figure - visage - poitrine - frimousse - face.

5** ***Remplace le verbe <u>dire</u> par un synonyme :*** **crie, ajoute, répond, déclare.**

Les copains nous attendent.
Maixent dit : « Allons au fond de la cour ! »
Clotaire <u>dit</u> à Agnan :
« Pas toi ! Tu as cafardé !
– Mais, je veux voir, <u>dit</u> Agnan.
– Bah ! Laisse-le venir, <u>dit</u> Rufus. »

D'après Sempé/Goscinny, *Les Récrés du petit Nicolas*, Folio Junior.

6** ***Remplace l'adjectif <u>bonne</u> par un synonyme :*** **charitable, habile, délicieuse, grande.**

- Cette couturière est une bonne ouvrière.
- Nous avons mangé une bonne tarte.
- Elle est très bonne avec les pauvres.
- Nous avons fait une bonne partie du chemin.

VERS L'ÉCRIT

La bande dessinée (1)

1. Quelles informations nouvelles cette bande dessinée t'apporte-t-elle par rapport à l'histoire que tu as lue pages 51 à 54 ?
2. Quelles informations ont disparu ?

- Une **bande dessinée** utilise des dessins et des dialogues pour raconter une histoire.
- Les paroles d'un personnage sont contenues dans une **bulle**. On peut y trouver certains signes de ponctuation (!?) ou des dessins.
- On trouve parfois, en dehors des bulles, des mots qui imitent des bruits : *bing, v'lan, boum, pif...* (les onomatopées).

1* *Imagine les paroles de chaque personnage pour chaque situation.*

2* *Écris une bulle pour chacune de ces situations.*

- Un adulte donne un conseil à un enfant.
- Un maître appelle son chien qui a fait une bêtise.
- Un personnage fait des compliments à quelqu'un d'autre.

3 *Imagine en trois vignettes une suite à* Drôle de samedi soir ! *Rédige les bulles.***

a. Harper répond que ses parents sont en haut. L'homme demande s'il peut monter.
b. L'homme monte et entre dans la chambre de Harper. Harper ferme la porte à double tour. Jurons de l'étranger.
c. Sur une table, l'homme furieux aperçoit un téléphone et appelle un de ses amis.

4 *Imagine une suite en trois vignettes.***

GRAMMAIRE

Le groupe nominal sujet

Superman contre CE2 (1)

Monsieur Marcus, le nouveau maître de l'école de la Châtaigneraie, semble bizarre. Laure et quelques-uns de ses camarades décident de l'espionner. Marc, le frère de Laure, emmène les détectives en herbe...

Un camion oblige Marc à s'arrêter pour laisser passer les voitures qui viennent en sens inverse. Le camion dépassé, la 2 CV <u>repart</u>.
« On ne le voit plus, on l'a perdu, <u>se lamente</u> Laure, crétin de camion ! »
La route est étroite et tourne beaucoup. Marc <u>roule</u> aussi vite que possible pour rattraper la 205, il la retrouve à l'entrée d'Herbelay.
Dans le village, elle <u>tourne</u> à gauche vers la forêt (...) puis elle disparaît.

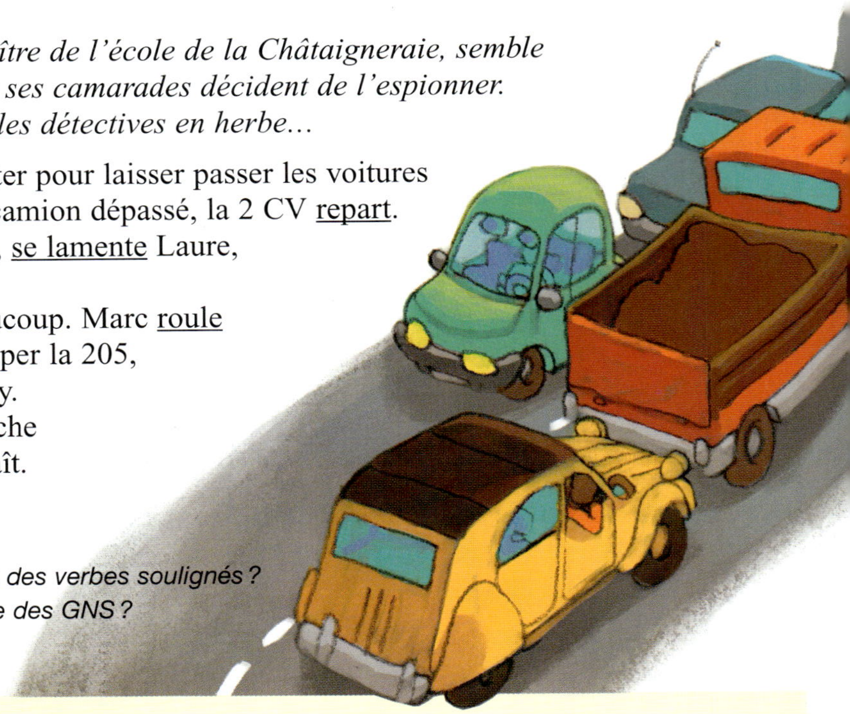

1. Quel est le groupe sujet de chacun des verbes soulignés ?
2. Quelle remarque fais-tu sur la place des GNS ?

■ Le groupe nominal sujet (GNS) se trouve habituellement devant le verbe :
La voiture (GNS) *repart.* (verbe)

■ Mais il peut se trouver après le verbe : *On l'a perdu, se lamente* (verbe) **Laure.** (GNS)

■ Pour savoir si un groupe nominal est sujet, on pose la question : *qui est-ce qui ?* ou *qu'est-ce qui ?*
***Marc** roule. → **Qui est-ce qui** <u>roule</u> ?* ***La voiture** roule → **Qu'est-ce qui** <u>roule</u> ?*

⚠ **1.** Un GN peut être sujet de plusieurs verbes.
2. Un verbe peut avoir plusieurs sujets.

1* ***Entoure les verbes et souligne leur sujet.***

Les enfants observent monsieur Marcus à la récréation. Mais le nouveau maître ne semble pas inquiet. De sa poche de veste, il sort paisiblement un journal.

2* ***Remplace les GN sujets par <u>il</u>, <u>elle</u>, <u>ils</u>, <u>elles</u>.***

• Deux jeunes filles achètent un billet de train. • Le chien du berger rassemble le troupeau. • Ma sœur nettoie la cuisine. • Les garçons font la course.

3** ***Place le sujet après le verbe.***

• Sur la mousse du sous-bois, une source minuscule coule. • Dans la nuit, le cri de la chouette retentit. • À l'horizon, un arc-en-ciel se forme. • Sur une haute branche, l'écureuil se balance.

4** ***Entoure les verbes et relie-les au sujet qui leur est commun.***

• Le bébé gigote, ouvre la bouche, crie à perdre haleine.
• Le soir venu, Pierre s'asseyait sur un tronc d'arbre, contemplait la forêt silencieuse et parfois poussait un soupir.
• Le vieux chien se gratte l'oreille, regarde ses interlocuteurs, puis répond d'une voix hésitante.

5** ***Entoure le verbe et relie-le à ses divers sujets.***

• Un drap, quelques chemises et un grand nombre de chaussettes séchaient en plein air sur un fil.
• Au cœur de la forêt poussaient des girolles, des cèpes et des champignons blancs.

ORTHOGRAPHE

Le son [ɔ̃]

salon, sombre, fond

Superman contre CE2 (2)

Les jeunes détectives ont retrouvé la trace de monsieur Marcus et découvert où il habitait.

Monsieur Marcus sort de sa voiture, grimpe les marches du perron, ouvre sa porte et s'arrête un instant sur le seuil, comme étonné et méfiant. (…) Il sort de sous son aisselle un objet noir et long et avance prudemment.
« Un revolver, tu as vu, il a un revolver ! Quentin est aux anges.
– Mais tais-toi, voyons, tu veux qu'il nous tire dessus ? »
Les enfants le voient circuler dans le salon, lentement, puis se diriger vers la bibliothèque et toucher les livres. Il s'arrête comme s'il comprenait ce qui s'était passé, sort en courant par la porte ouverte et fait le tour de la maison. On l'entend jurer très fort.

1. *Relève tous les mots qui contiennent le son [ɔ̃]. Entoure les diverses façons d'écrire ce son.*
2. *Dans <u>comprenait</u> comment s'écrit le son [ɔ̃] ? Peux-tu l'expliquer ?*
(Voir le son [ɛ̃], page 37 et le son [ɑ̃] page 47.)

■ Le son [ɔ̃] s'écrit généralement **on** : *contre - environ*.

⚠ Devant **p** ou **b**, le son [ɔ̃] s'écrit **om** : *comprendre - combien - compter - compagnon.*

■ En fin de mot, [ɔ̃] est parfois suivi d'une consonne muette :

-ond → *fond* **-ont** → *pont* **-ong** → *long* **-onc** → *jonc*

⚠ On peut souvent trouver la consonne muette à la fin d'un mot en cherchant un mot de la même famille : *jonc* → *joncher* *long* → *longueur.*

1* ***Recopie les mots contenant le son [ɔ̃].***

Elle s'arrêta enfin devant une ferme. La fermière avait besoin d'une souillon pour laver les torchons, nettoyer les dindons et l'auge des cochons. On la mit dans un coin de la cuisine où, les premiers jours, tout le monde se moqua d'elle. Enfin on s'y habitua et on l'appela Peau d'Âne. Elle conduisait les moutons et menait les dindons paître.

2* ***Souligne le son [ɔ̃] et entoure la lettre qui le suit.***

une pompe - sombre - combien - une tombola - la compote - tomber - une ombre - une trompette - des bombes - comparer.

3** ***Complète par le son [ɔ̃].***

- Le b… sauteur franchit le fossé d'un b… .
- Au f… de la mine, les mineurs creusent une galerie.
- Avec m… vélo, je gravis les pentes du m… Ventoux.
- Une poule p… près du petit p… qui enjambe le ruisseau.

4** ***Sur le modèle, trouve des mots terminés par -<u>tion</u> :***

On acclame le vainqueur.
→ l'acclamation au vainqueur.

- On aère la pièce. • On corrige les devoirs.
- Maman punit le chat. • Le maître félicite l'élève.
- On décore la classe.

CONJUGAISON

Le futur des verbes du 1er et du 2e groupe

Superman contre CE2 (3)

Les enfants ont découvert que monsieur Marcus était un policier ! Il est chargé de retrouver des espions qui ont volé des renseignements. Sa seule piste est une cassette intitulée « Superman » que les enfants ont dérobée.

« Voilà ce que nous allons faire : ce soir, il est déjà tard, il faut que vous rentriez chez vous sinon vos parents vont s'inquiéter, et nous n'avons pas besoin de complications supplémentaires. Mais, demain matin, après la récréation de dix heures, vous penserez à venir à la bibliothèque, je vous passerai la cassette au magnétoscope, et on verra s'il vous vient une idée. Nous finirons bien par trouver un indice. »

1. Quel est l'infinitif des verbes soulignés ? À quel groupe appartiennent-ils ?
2. À quel temps et à quelle personne chacun d'eux est-il conjugué ?

Au **futur**, tous les verbes ont la même terminaison.

chanter				finir			
je	chanter **ai**	nous	chanter **ons**	je	fini**r ai**	nous	fini**r ons**
tu	chanter **as**	vous	chanter **ez**	tu	fini**r as**	vous	fini**r ez**
il/elle	chanter **a**	ils/elles	chanter **ont**	il/elle	fini**r a**	ils/elles	fini**r ont**

Les verbes du 1er groupe (en **-er**) comme *chanter* et ceux du 2e groupe (en **-ir/-issons**) comme *finir*, conservent l'infinitif en entier.

⚠ Quelques verbes en **-ir** du 3e groupe se conjuguent comme les verbes en **-er** : *cueillir, assaillir, tressaillir*, etc.
*je cueill**erai*** *nous cueill**erons***

1* ***Complète avec le pronom qui convient.***
- … remplirai le formulaire.
- … calculeras la distance aller-retour.
- … graviront la côte.
- … imaginerez une histoire.
- … guérira mon petit chien.
- … fournirons toutes les explications nécessaires.

2* ***Conjugue au futur***
– aux deux premières personnes du singulier :
veiller - approcher.
– aux deux premières personnes du pluriel :
grandir - obéir.

3** ***Conjugue au futur aux personnes correspondantes du singulier.***
• Nous mangerons du gâteau. • Les étoiles brilleront dans le ciel. • Vous illuminerez l'arbre de Noël. • Ils retrouveront des amis à la fête. • Vous réfléchirez à ma proposition.

4** ***Écris les verbes au futur.***
• Le froid *rougir* le nez des promeneurs. • Le vent du Nord *glacer* les alpinistes. • Tu *bâtir* un abri. • J'*effacer* les taches. • Vous ne *retourner* pas dans ce pays. • Les jardiniers *enfouir* les mauvaises herbes. • Nous *fleurir* la table avec les roses du jardin.

5** ***Conjugue au futur :***
gravir la pente et arriver au col.

VOCABULAIRE

Les synonymes (2)

Superman contre CE2 (4)

Avec monsieur Marcus les enfants regardent comme prévu la cassette.

Monsieur Marcus rallume la lumière.
« Alors ?
Tous se regardent un peu embarrassés.
– Rien… On n'a rien trouvé.
– Ce sont des gens ordinaires.
– Dire qu'un espion se cache dans le tas ! On ne s'en rend vraiment pas compte.
– Moi, je pense qu'il y en a un dont on devrait se méfier, dit Quentin, c'est un grand brun avec une moustache, il a une voiture de sport rouge, un peu comme celle de Starsky et Hutch.
– Tu crois qu'un vrai espion se ferait remarquer comme ça, ironise Nicolas. Non, un véritable espion doit passer inaperçu ! »

D'après Catherine Missonnier, *Superman contre CE2,* « Cascade », Rageot Éditeur.

1. *Que peux-tu dire des mots soulignés ? (classe et signification)*
2. *Par quel mot pourrais-tu remplacer embarrassés ?*

En règle générale :
– le synonyme d'un nom est un nom : *bruit – vacarme*
– le synonyme d'un adjectif est un adjectif : *vrai – véritable*
– le synonyme d'un verbe est un verbe : *laver – nettoyer*
– le synonyme d'un mot peut être une expression : *changer – faire peau neuve*

Les synonymes permettent d'éviter des répétitions et d'apporter des nuances, des précisions sur ce que l'on veut dire : *le vacarme est plus fort que le bruit.*

1 * ***Trouve les synonymes des mots suivants dans la liste proposée.***

travail – cercle – escorte – erreur.

- Un rond : un …
- Une garde : une …
- Un emploi : un …
- Une faute : une …

2 * ***Classe les verbes synonymes dans ce tableau.***

admirer - escalader - flamber - saisir - griller - empoigner - observer - tenir - incendier - grimper.

monter	prendre	regarder	brûler
………………	………………	………………	………………
………………	………………	………………	………………

3 ** ***Recopie les phrases en remplaçant le mot souligné par un synonyme.***

- Les illustrations de ce livre sont très colorées.
- Je lui ai indiqué le chemin.
- Le jardinier retourne la terre avec un instrument.
- Il est défendu de fumer.

4 ** ***Regroupe les mots et leurs expressions synonymes.***

gaspiller •	• taper sur les nerfs
partir •	• tomber en ruine
s'écrouler •	• jeter l'argent par les fenêtres
agacer •	• prendre la porte

5 ** ***Complète ces phrases avec le synonyme qui convient parmi ceux proposés entre parenthèses.***

• Sans cesse, les guerriers des deux … (groupes, tribus, troupes) … (ramassaient, cueillaient, entassaient) des pierres. • Ils ne prenaient pas le … (temps, moment, instant) de manger. • Ils … (conduisaient, attiraient, transportaient) les pierres jusqu'au rivage.

6 ** ***Remplace le verbe mettre par un synonyme.***

- À la farine et aux œufs, mettre un verre de sucre.
- Sur l'enveloppe, mettre un timbre.
- Sur cette bosse, il faut mettre de la pommade.
- Il faut mettre le vase sur la table.

VERS L'ÉCRIT

La bande dessinée (2)

Garfield est un chat farceur. Jon, son maître, en fait encore l'expérience.

1. *Pourquoi Jon, trouve-t-il la tête du livreur bizarre ?*
2. *Pourquoi le nom de Garfield est-il écrit en caractères gras ?*

- Une bande dessinée raconte une histoire découpée en vignettes.
- Les dialogues, généralement placés dans les bulles, et les dessins se complètent.
- La taille des caractères peut varier en fonction de l'importance que l'on veut donner à certains mots. Par ce moyen, on peut exprimer des sentiments comme la surprise, la colère, la peur…

1* ***Imagine des dialogues correspondant à ces vignettes.***

2* ***Transforme cette photographie en vignette de bande dessinée. Fais parler les autruches dans des bulles***

3** ***Raconte cette histoire en BD.***

Jon vaporise un produit pour éloigner son chat du fauteuil qui se trouve face à la télé. Garfield trouve un moyen pour la regarder quand même (par exemple : il déplace la TV, met un masque…).

4** ***Imagine des conseils de prudence donnés sous forme de BD :***

- **comment consommer certains produits alimentaires.**
- **ralentir sur une route.**
- **regarder une éclipse…**

Évaluation 2

1. Sais-tu écrire des phrases impératives ?

Écris ces conseils à l'impératif (2e personne du pluriel).

● Vous déchargez le traîneau. ● Vous dressez la tente ● Vous l'attachez solidement. ● Vous étendez les peaux. Vous dormez.

2. Sais-tu trouver le verbe d'une phrase ?

Souligne les verbes de ce paragraphe.

Tonton Léon étudie une fusée interplanétaire. Il travaille seul dans son château. Chaque année, il invente quelque chose. Cette année, il prépare sa tenue de cosmonaute. Il utilise un nouveau tissu.

3. Sais-tu trouver le sujet du verbe ?

Mets une croix sous chaque verbe et souligne son sujet.

● La préparation des athlètes est longue. ● Dans cette forêt, poussent des champignons. ● En juillet le soleil brille et chauffe.
● Ici coule un ruisseau.

4. Sais-tu écrire le son [ɛ̃] ?

Complète avec le son [ɛ̃].

● Le p...tre utilise un p...ceau. ● Je t...bre bi... ma lettre avant de la poster. ● Le moineau picore des gr...s de blé.

5. Sais-tu distinguer des petits mots (son/sont - ou/où) ?

● Ses lunettes ... dans le tiroir et ... stylo sur le bureau. ● De l'endroit ... je me trouve, je vois les avions décoller pour l'Afrique ... l'Amérique du Sud. ● Ils ... beaux.

6. Sais-tu écrire le son [ɑ̃] ?

Complète par le son [ɑ̃].

● Un gr... arbre poussait à fl... de coteau. ● Cette l...pe éclaire mal.
● Les protest...s vont à l'office au t...ple.

7. Sais-tu écrire le son [ɔ̃] ?

Complète par le son [ɔ̃].

● Un l... sentier ...bragé c...duit au f... du jardin.
● Cet élève c...pte sur ses doigts.

8. Sais-tu conjuguer au présent les verbes du 1er groupe ?

Écris chaque verbe au présent.

● Nous *circuler* à pied. ● Tu *chercher* la réponse. ● Je *rapporter* le livre. ● Les fillettes *avaler* leur goûter. ● Vous *penser* aux vacances.

9. Sais-tu conjuguer au présent les verbes du 2e groupe ?

Complète avec les verbes au présent.

● Nous *bâtir* une cabane. ● J'*avertir* mes amis. ● Le tigre *bondir*.
● Vous *réfléchir*. ● Il *fournir* un gros effort.

Évaluation 2

10. Sais-tu conjuguer au présent les verbes voir, aller et venir ?

Écris au présent.

● Vous *voir* le soleil se lever. ● Elles *aller* à la plage dès le matin. ● Les mouettes *venir* se poser près de nous. ● Nous *aller* bien, merci ! ● *Voir*-tu cette voile, à l'horizon ?

11. Sais-tu conjuguer au futur ?

Écris chaque verbe au futur.

● Ils n'y *renoncer* pas. ● Le brouillard *ensevelir* la campagne. ● Vous *vérifier* bien la monnaie. ● Tu *applaudir.* ● Tu *avoir* déjeuné.

12. Sais-tu trouver les mots étiquettes ?

Trouve le mot étiquette de chaque liste.

tagliatelle - macaroni - spaghetti - ravioli.
tulipe - muguet - pensée - iris.
Marseille - Bordeaux - Paris - Nantes - Brest.
poireau - salade - chou - carotte.
cuillère - couteau - fourchette - petite cuillère.

13. Sais-tu trouver les mots d'une même famille ?

Trouve deux mots de la famille de chacun de ces cinq mots.

chèvre - clair - camp - poser - terre.

14. Sais-tu trouver des synonymes ?

Trouve un synonyme de chacun de ces mots.

un bateau - un quotidien - succulent - une information - la réclame.

fais ton évaluation

	Je corrige chaque exercice	Je colorie le nombre de bonnes réponses 1	2	3	4	5	Si j'ai moins de 3 cases coloriées, je fais les exercices de révision p. 63-64
GRAMMAIRE	1. Écrire des phrases impératives						1
	2. Trouver le verbe d'une phrase						2
	3. Trouver le sujet du verbe						3
ORTHOGRAPHE	4. Écrire le son [ɛ̃]						4
	5. Distingue des petits mots						5 et 6
	6. Écrire le son [ɑ̃]						7
	7. Écrire le son [ɔ̃]						8
CONJUGAISON	8. Conjuguer au présent les v. du 1er g.						9
	9. Conjuguer au présent les v. du 2e g.						10 et 11
	10. Conjuguer voir, aller et venir						12
	11. Conjuguer au futur						13
VOCABULAIRE	12. Trouver des mots étiquettes						14
	13. Trouver les mots d'une même famille						15
	14. Trouver des synonymes						16

Révision 2

1

Donne les mêmes ordres avec des phrases impératives.

● Tu ouvres ton livre. ● Ce soir, tu me rendras mon vélo. ● Vous jetez cette vieille boîte. ● Nous partirons à huit heures. ● Vous achèterez ce journal.

2

Copie les phrases, souligne d'un trait les GNS, encadre les GV et mets une croix sous les verbes.

● Mon chien aime les croquettes. ● Toute la famille fête un anniversaire. ● Nous terminons notre exercice.
● On a fermé ce vieux cinéma. ● Jérôme et ses amis attendent le passage du car.

3

Mets une croix sous les verbes et souligne leur sujet.

La chaleur était étouffante. Dehors, la lune brillait. La cité des sables dormait paisiblement. Seul, un cavalier déambulait dans les rues.

4

Complète par le son [ɛ̃].

● Avec du rais..., on fait du v... .
● Il semble ... possible d'att...dre le fond de ce rav... .
● À la f... du repas, les ...vités n'ont plus f... .
● Mon frère a rep...t son vélo et son blouson est pl... de p...ture.

5

Complète avec **son** ***ou*** **sont.**

● Il a pris ... imperméable car des orages ... annoncés. ● Les spectateurs ... morts de rire quand le clown perd ... pantalon. ● Mon père prend ... cric pour soulever ... tracteur. ● Le ministre et ... garde du corps ... dans l'aéroport.

6

Choisis entre **ou** ***et*** **où** ***pour compléter les phrases.***

● Ce nid ... l'on voit la mère couver, est-ce un nid de grive ... un nid de merle ? ● Je mettrai un bâton ... une pierre pour marquer l'endroit ... il faut planter l'arbre.
● ... as-tu trouvé ces champignons, dans les bois ... dans les prés ? ● Cet été ... j'irai à l'étranger ... je resterai chez ma grand-mère.

7

Complète par le son [ɑ̃].

● Qu... il fait frais, nous faisons une fl...bée dans la cheminée. ● Le poissonnier vend de beaux har.... ● Les plumes du p... ont de belles couleurs. ● Cet ét... est poissonneux. ● Ces bonbons sont ...veloppés de papier d'arg... .

8

Complète par le son [ɔ̃].

● À l'aube, ... avait interr...pu les recherches. ● Les passagers prenaient le frais sur le p... du navire. ● Je g...fle m... vélo avec une p...pe. ● C...bien as-tu gagné à la t...bola ? ● Il a fait un b... jusqu'au plaf... .

Révision 2

9

Complète le tableau au présent.

infinitif	personne	rad.	ter.
aborder	elles	....	....
frôler	nous	....	....
gober	tu	....	....
sommeiller	je	....	....
tenter	vous	....	....

10

Complète avec les verbes au présent.

● Les phares *éblouir* le conducteur. ● La pluie *rafraîchir* la température. ● Vous *remplir* la piscine au printemps. ● Au jardin, nous *enfouir* les mauvaises herbes. ● Aux premières lueurs de l'aube *retentir* le chant du coq. ● Tu *rougir* parce que tu as dit un mensonge.

11

Pense à l'infinitif et écris la terminaison qui convient au présent.

● Tu *trier* des livres. ● Le chien *bondir* dans la rue. ● Il *plier* son mouchoir. ● Je *être* malade. ● Tu *remercier* tes parents. ● Nous *remplir* un formulaire. ● Vous *copier* une poésie. ● Elles *rire* de ses plaisanteries.

12

Écris au présent.

● *Voir*-vous ces montagnes à l'horizon ? ● Des alpinistes *aller* les escalader demain. ● Un ULM *venir* de se poser dans la prairie. ● Nous *aller* voir s'il a eu une panne.

13

Complète avec les verbes au futur.

● Tu *effacer* le tableau. ● Vous *guérir* rapidement. ● Je ne te *déranger* plus. ● *J'habituer* mon jeune chien à marcher près de moi. ● Les sauveteurs se *dévouer* sans compter. ● Tu *continuer* à marcher jusqu'au carrefour. ● Nous n'*oublier* pas l'heure du rendez-vous.

14

Trouve le mot étiquette pour chaque liste.

mésange - hirondelle - moineau - pie.
boa - vipère - couleuvre - python.
menuisier - boulanger - pharmacien - docteur.

15

Dans chaque série de mots, chasse celui qui n'est pas de la même famille.

● le boucher - déboucher - la boucherie.
● se garer - le garage - s'égarer.
● le mont - la montagne - démonter.

16

Relie chaque mot à son synonyme.

assiette ●	● bouillon
potage ●	● affection
maladie ●	● ligne
trait ●	● plat

Va voir la suite p. 95

GRAMMAIRE

L'accord du verbe avec le GNS (1)

Un vilain petit loup (1)

Il y a bien longtemps des loups gris vivaient au fin fond de la jungle qui recouvrait l'Inde. Il y avait grand-père loup, tante louve, père et mère loups.
Or, mère louve attendait des petits pour la pleine lune et la pleine lune n'allait pas tarder à se montrer.
– J'espère que ces enfants seront beaux ! dit père loup avec un rien d'inquiétude en contemplant le ciel depuis l'entrée de la caverne où il avait installé les siens.
– Sache que dans la famille, les louves ne mettent au monde que de magnifiques loups gris, dit la tante d'un air assuré.

1. Parmi les verbes soulignés, lesquels sont au singulier, lesquels sont au pluriel ?
2. Explique pourquoi les uns sont au singulier et les autres au pluriel.

- Le verbe s'accorde toujours avec son sujet.
- Lorsque le GN sujet est singulier, le verbe se met au singulier :
  Mère louve attendait des petits.
- Lorsque le GN sujet est au pluriel, le verbe se met au pluriel :
  Des loups gris vivaient dans la jungle.

1* *Entoure les verbes et souligne les sujets.*

• Le petit hippopotame pose des questions à propos de tout. • Il demande une plume à l'autruche. • Les enfants éléphants voient un crocodile. • Le crocodile attrape un petit éléphant.

2* *Complète les phrases avec les GN sujets proposés :* la grêle - le vent - des éclairs - le tonnerre - les flots - la tempête.

• … brillent dans le ciel. • … se déchaîne sur l'Océan. • … ravage les vergers. • … gronde sans discontinuer. • … écument le long de la digue. • … rugit dans les branches des grands arbres.

3* *Trouve un GN sujet pour chaque verbe.*

• … aime se laisser glisser le long de la dune. • … regardent un animal sur la colline. • … s'approche sans faire de bruit. • … luisent dans la pénombre. • … attachent la gazelle devant la case.

4 *Complète chaque phrase avec le verbe conjugué au présent.***

• Le chevalier *monter* à cheval avec son armure.
• Les gens *monter* sur les toits pour voir l'éclipse.
• Deux navires *entrer* dans le port.
• La clé *entrer* dans la serrure sans difficulté.

5 *Complète chaque verbe.***

• Par un coup de vent, une poire tomb… du poirier. • Des violettes embaum… la haie. • Le volcan entr… en éruption. • Un oiseau gazouill… sur les fils. • La neige recouvr… la ville. • Les abeilles butin… les fleurs des genêts.

6 *Écris les sujets au pluriel et fais les transformations nécessaires.***

L'enfant progresse dans le couloir. Il abandonne derrière lui son butin en désordre. Au milieu de tout cela, brille une plume bleue et verte. Une chouette la remarque. Elle se déguise ! Elle est très drôle avec sa robe grise tachetée de bleu et de vert.

ORTHOGRAPHE

Ne confonds pas se et ce

Un vilain petit loup (2)

– Oui, sans doute, nous n'avons jamais mis au monde que de magnifiques loups gris, dit grand-père loup, cependant, pense à ce vieux sage que tu as dévoré l'an dernier. Le dieu Brahma n'aime pas qu'on se conduise comme cela et qu'on lui mange ses saints.
– Tais-toi, animal de mauvais augure, se défendit tante louve, d'abord c'était en temps de famine, ensuite ce vieillard n'était qu'un paquet d'os et personne n'y a trouvé de plaisir.
– Et puis je me suis repenti, ajouta père loup, malgré tout soucieux.

1. À quelle classe appartient le mot qui suit se ? et celui qui suit ce ?
2. Complète : On se conduit comme cela. – Je … conduis comme cela. – Tu … conduis comme cela.
3. Complète : Pense à ce vieux sage. – Pense à … vieux sages. – Ce vieillard était maigre. – … vieillards étaient maigres.

- **se** est placé devant un verbe.
  Il se défendit.
- **ce** est placé devant un nom ou un adjectif masculin singulier. Il devient **ces** au pluriel.
  Ce vieux sage. → Ces vieux sages.

⚠ Ce se place aussi devant *que* et *qui*.
Je sais ce que tu penses.
Je sais ce qui se passe.

1* Complète par se ou ce.

… laver	… tapis	… livre	… trottoir
… camion	… facteur	… baisser	… perdre
… matin	… blesser	… réveiller	… moineau

2* Écris ces groupes nominaux au masculin.

cette journaliste → ce journaliste

cette commerçante - cette fille - cette camarade - cette libraire - cette poissonnière - cette conductrice.

3* Complète par se ou ce.

- Les enfants … poursuivent dans la cour.
- À chaque élection, … mur … couvre d'affiches.
- … pneu … dégonfle trop rapidement.
- Les oiseaux … couchent de bonne heure.
- … métier est pénible.
- … troupeau d'éléphants … déplace continuellement.

4 Complète par ce ou se.**

- … garçon … précipite sur tout … qu'il voit.
- Les moineaux … disputent … que les tourterelles ont laissé dans leur mangeoire.
- Je cherche dans le catalogue … qui est nouveau.
- Cette maladie … soigne très bien de nos jours.

5 Conjugue au présent le verbe se promener. Souligne les mots qui remplacent se aux diverses personnes.**

6 Construis :**

– *une phrase contenant* **se**.
– *une phrase contenant* **ce**.
– *une phrase contenant* **ce** *et* **se** *(dans n'importe quel ordre).*

CONJUGAISON

Le futur des verbes être et avoir

Un vilain petit loup (3)

Sur ces entrefaites, la pleine lune se leva au-dessus des grands banians sauvages et mère louve mis bas.
– Un, deux, trois petits loups, compta tante louve. Ils seront gris.
– Et en voilà un quatrième, mais il semble bien rachitique !
– Qu'il est vilain ! Et il n'aura même pas un seul poil gris ! s'écria père loup.
– Pense au vieux sage que tu as dévoré l'an dernier…, dit grand-père loup.
– Il est on ne peut plus laid, décréta mère louve en le repoussant d'un coup de patte avant de donner ses mamelles à ses trois autres petits.
– Oui, il est complètement raté, gronda tante louve, dégoûtée. Qu'il attende donc son tour !

1. Quel est l'infinitif des verbes soulignés ?
2. À quel temps et à quelle personne chacun de ces verbes est-il conjugué ?

être				**avoir**			
je	ser**ai**	nous	ser**ons**	j'	aur**ai**	nous	aur**ons**
tu	ser**as**	vous	ser**ez**	tu	aur**as**	vous	aur**ez**
il/elle	ser**a**	ils/elles	ser**ont**	il/elle	aur**a**	ils/elles	aur**ont**

⚠ Au futur, les verbes *avoir* et *être* ont les mêmes terminaisons que les autres verbes. Mais, attention aux radicaux.

1* *Relie pour former des phrases.*

Vous •
Le visiteur •
Les randonneurs •
Nous •
Tu •

• auront du mal à rentrer.
• serons près de vous.
• auras ce que tu mérites.
• aurez de la chance.
• serez les bienvenus.
• sera filmé à son insu.

2* *Écris les verbes au futur.*

- L'an prochain, j'*avoir* grandi.
- Je *être* équipé pour l'escalade.
- Ils *avoir* des beignets pour leur goûter.
- En juin, les jours *être* les plus longs de l'année.
- À midi, nous *avoir* faim.
- Vous *être* au soleil et vous *avoir* soif.
- En mars, le temps *être* pluvieux.
- Tu n'*avoir* pas de mauvaise surprise.

3* *Recopie en mettant nous à la place de je.*

• J'aurai la bonne clé. • Je serai déjà dans le train. • Je ne serai pas de bonne humeur. • J'aurai un caniche noir. • Je n'aurai pas d'invitation. • Je serai chez vous à l'heure. • Je n'aurai pas peur de vous.

4* *Conjugue au futur :*

Avoir une bonne note et être content(e).

5 *En suivant le modèle, écris chaque verbe au présent puis au futur :***

Vous (être) **êtes/serez** *un bon élève.*

- Les promeneurs *avoir* du beau temps.
- Ces spectateurs *être* en plein soleil.
- Nous *avoir* nos équipements.
- Notre ami *être* à la gare avec sa voiture.
- J'*avoir* un foulard bleu.
- Tu n'*avoir* pas mal aux dents.
- Vous *être* enfin récompensés.

VOCABULAIRE

Le suffixe : du verbe au nom

Un vilain petit loup (4)

Et, durant son enfance, Petit-loup-raté attendit son tour. Il eut toujours à souffrir des agissements de ses parents : reste du lait maternel, interdiction d'aller chasser avec son père, mauvaise répartition de la place dans la caverne familiale.

Le fait est qu'il n'était pas beau à voir : court sur ses pattes toujours un peu pliées dans l'attente de bondir si on faisait mine de le chasser, l'œil inquiet, le poil jaune et hirsute, la queue basse, l'oreille couchée, il donnait une impression de crainte maladive, de sournoiserie et de servilité. Mais, en vérité, ne devait-il pas sa survie à la promptitude de sa fuite, à ses ruses, à son humilité ?

D'après Nicole Vidal, *Un vilain petit loup*, « Cascade contes », Rageot-Hatier.

1. *Relie chaque mot souligné à l'un des verbes suivants :* attendre, agir, interdire, répartir.
2. *Quels suffixes a-t-on utilisés pour transformer les verbes en noms ?*

De nombreux suffixes permettent de transformer un verbe en nom.
Voici quelques exemples :

- **-tion** : *transformer* → *transformation*
- **-ment** : *ronfler* → *ronflement*
- **-ie** : *sonner* → *sonnerie*
- **-age** : *passer* → *passage*

1* *Écris un verbe qui appartient à la famille de chaque nom.*

attelage - signification - rectification - montage - annulation - découpage - satisfaction - dépassement.

2* *De quels verbes sont dérivés ces noms ?*

vendeuse - dépanneur - boxeur - chauffage - bricoleur - plaisanterie.

3* *Transforme les verbes en noms et souligne les suffixes que tu auras utilisés.*

masser - gouverner - mentir - ranger - polluer - déménager - accompagner - brouiller - ralentir - saigner - repasser.

4 *Transforme selon l'exemple :***

On construit le cerf-volant. C'est délicat.
→ La construction du cerf-volant est délicate.

- On charge le camion. C'est pénible → …
- On explique le problème. C'est simple → …
- On lave la voiture. C'est indispensable → …

5 *Trouve dans cette liste trois verbes qui peuvent se transformer en nom avec le suffixe -tion et emploie chacun de ces noms dans une phrase.***

transformer - raconter - réciter - protester - regretter - remarquer - régler - récolter.

6 *Comment appelle-t-on celui qui :***

vend ? danse ? chante ? conduit ? boxe ?

joue ? skie ? visite ? voyage ? pêche ? plonge ?

7 *Complète avec des mots de la famille de geler.***

- La ... blanchit la pelouse.
- Les roches éclatent sous l'influence du ... .
- Notre ... contient des produits surgelés.
- Le froid rougit les mains et produit parfois des ... qui font très mal.
- On verse du sel pour … la route.

VERS L'ÉCRIT

Messages, petits mots et faire-part

1. *À qui s'adresse ce faire-part ?*
2. *Qu'annonce-il ?*

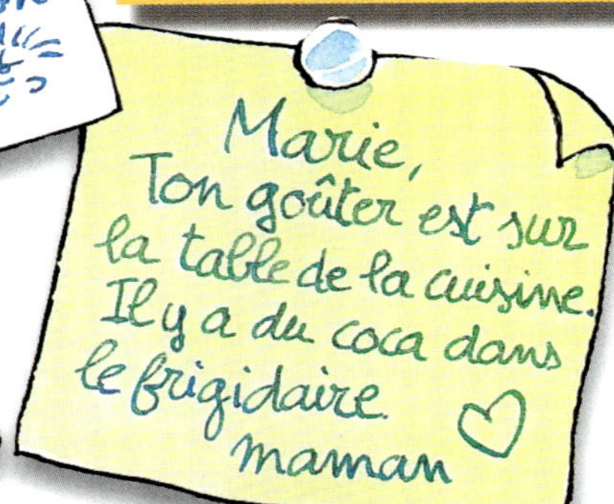

1. *Quels messages s'adressent à tout le monde ? Lesquels s'adressent à quelqu'un de précis ?*
2. *Quels messages donnent une information ? Lequel donne un ordre ?*

■ **Un message** (ou un petit mot) informe, prévient ou demande à quelqu'un de faire quelque chose. Il doit être court. On ne dit que l'essentiel pour être plus rapide.

■ **Un faire-part** ou **une invitation** annonce un événement ou un changement : *invitation à une fête, naissance, changement de numéro de téléphone, d'adresse...*

On reproduit le même texte et on l'envoie à plusieurs personnes.

Le faire-part peut être drôle ou sérieux.

1* ***Avant de quitter l'école, écris un message à l'un de tes camarades pour lui indiquer précisément où il pourra te retrouver.***

2* ***Tu vas jouer avec un de tes camarades. Laisse un mot à ta maman pour la prévenir.***

3* ***Laisse un message sur ton répondeur téléphonique à l'usage de ceux qui veulent te joindre.***

4* ***Valérie a branché son répondeur téléphonique. Laisse-lui un message pour lui signaler ton appel et la raison pour laquelle tu cherches à la contacter.***

5* ***Imagine le texte d'un faire-part drôle pour annoncer ton changement de numéro de téléphone.***

6** ***Rédige un faire-part pour annoncer la naissance de ton petit frère ou de ta petite sœur.***

7** ***C'est bientôt ton anniversaire, tu veux inviter tes camarades à une grande fête chez toi. Rédige un faire-part. N'oublie pas de le décorer !***

GRAMMAIRE

L'accord du verbe avec le GNS (2)

Lettres au Père Noël (1)

Le 24 décembre, quelques heures avant que le Père Noël se prépare et parte faire sa longue tournée, des retardataires lui envoyèrent des lettres.

> Cher Père Noël,
>
> Je m'appelle Adeline. J'ai été très gentille cette année et franchement, je trouve que ça mérite une récompense parce que c'était pas toujours facile !
>
> J'aimerais bien que tu m'apportes la dînette « Dibébé » parce qu'il y a tellement de choses dedans que même ma maman aimerait bien en avoir une. (Mais celle-là sera pour moi, elle n'aura pas le droit d'y toucher ! Non mais !)
>
> Ma sœur et mon frère adorent que je leur fasse la cuisine. Si tu me l'offres, je t'aimerai beaucoup !
>
> Je t'embrasse
>
> Adeline

1. Cherche le GNS des deux premiers verbes soulignés.

2. Pourquoi le troisième verbe souligné est-il au pluriel ? Cherche son GNS.

3. Quel est le sujet du dernier verbe souligné ?

■ Deux sujets singuliers sont équivalents à un sujet pluriel
→ le verbe s'accorde au pluriel.
Ma sœur et mon frère adorent le chocolat.

■ Un même GNS pour plusieurs verbes → tous les verbes s'accordent de la même façon :
- au singulier si le sujet est singulier.
  Le Père Noël se prépare et part.
- au pluriel si le sujet est pluriel.
  Les Pères Noël se préparent et partent.

1* *Entoure les sujets des verbes soulignés.*

- L'alouette et la perdrix nichent dans les champs.
- De la grêle et de la pluie tombent sur la campagne.
- Une fille et un garçon marchent le long du canal.
- Dans l'enclos, s'ébattent une jument et son poulain.
- Une mouette et un cormoran volent au-dessus de l'estuaire.

2 *Souligne uniquement les verbes qui ont le même sujet et mets une croix sous leur sujet.***

• Sur le trottoir, le moineau picore une miette, va, vient, écoute et enfin s'envole. • Le visiteur sonne à la porte, attend une réponse, regarde les fenêtres de l'immeuble et, enfin, repart. • La cuisinière jette un coup d'œil à la télévision et, pendant ce temps, le rôti brûle et le potage déborde.

3 *Accorde les verbes au futur.***

- La ménagère *remplir* son sac et son panier.
- En mai, *fleurir* l'aubépine et l'églantier.
- Les pluies torrentielles *gonfler* le petit ruisseau.
- Le hibou et la chouette *dormir* toute la journée.

4 *Accorde les verbes au présent.***

- L'élève *étudier* un résumé et un poème.
- La vie aux champs *donner* de l'appétit.
- La tempête et la neige *empêcher* d'accéder au col.
- Le médecin et l'infirmière *soigner* les malades.
- Ce sac de pommes de terre *peser* très lourd.

5 a. *Écris une phrase dans laquelle un seul verbe aura plusieurs sujets.***

b. *Écris une phrase dans laquelle plusieurs verbes auront le même sujet.*

ORTHOGRAPHE

Le son [j] et le son [ɲ]

yeux, spécial, fille, seuil, gagnant, grenier

Cher Père Noël

C'est une mamie bien embarrassée qui vous écrit. En préparant un **magnifique** gâteau aux nouilles et à la crème de marrons, j'ai mis le feu à la cuisine. Il n'en reste rien. Si vous pouviez m'envoyer une batterie complète de cuisine, ainsi que les livres *Les Bons Desserts*, *plus c'est sucré, plus c'est bon* et *Tartes à gogo*, vous me rendriez un fier service.

Et à Noël prochain, je vous laisserai un gros gâteau aux **pignons** devant la cheminée.

(Attention, ne marchez pas dessus !)

Gros bisous sucrés

Mamie **Champagne**

Lettres au Père Noël (2)

La deuxième lettre était écrite d'une main tremblante.

1. *Lis à haute voix les mots en gras et trouve quel son ils ont en commun. Même consigne pour les mots soulignés.*

2. *Dresse la liste des diverses graphies du son [ɲ]. Même consigne pour le son [j].*

■ Le son [j] s'écrit :

– **y** → *envoyer* – **i** → *bien* - *fier*

– **ll** → *famille* - *briller*

– **ill** → *nouilles* – **il** → *ail* - *seuil*

■ Le son [ɲ] s'écrit :

– **gn** → *pignons* - *magnifique*

⚠ Le son voisin [nj] s'écrit ni dans des mots comme : panier, manioc, grenier, etc.

1* ***Classe les mots dans le tableau.***

On entend [ɲ]	On n'entend pas [ɲ]
....	....

montagne - paille - signal - gagnant - digue - maligne - cahier - congé - vigneron - teigne - panique - vignoble - quille - vague - payer.

2* ***Souligne d'un trait le son*** [j] ***et de deux traits le son*** [ɲ].

• Nous avons mangé des nouilles et, au dessert, on nous a donné des beignets. • Dans l'herbe mouillée, une caille a fait son nid avec quelques brins de paille. • L'Auvergne, avec ses montagnes couvertes de pâturages, est une région magnifique.

3* ***Écris selon le modèle :*** *je paie → nous payons.*

• J'essaie → nous … • Je balaie → … • Il nettoie → … • Il envoie → … • Je délaie → … .

4** ***Complète avec le son*** [j].

• Le vent éparpi…e les feu…es mortes. • L'emplo…é ra…e un nom sur sa liste. • Après un long vo…age, le coq rentre au poula…er. • Les grenou…es sont jo…euses quand il mou…e. • Je trava…e au cra…on sur mon cah…er de brou…on.

5** ***Devinette : attention les mots contiennent le son*** [ɲ].

• Elle tisse sa toile dans un coin du grenier : *l'* …
• Cet oiseau chante la nuit au mois de mai : *le* …
• On en trouve dans les bois en automne : *des* …
• Je la remplis d'eau pour prendre mon bain : *la* …
• Les Alpes, les Pyrénées, le Jura en sont : *des* …

6** ***Complète avec le son*** [j] ***ou le son*** [ɲ].

• La montre qu'elle a au poi…et est un merve…eux bijou. • J'enregistrerai le film sur le ma…étoscope. • La corbe…e est pleine de fruits ma…ifiques.

CONJUGAISON

Le futur des verbes en -ier, -uer et -ouer

Lettres au Père Noël (3)

La troisième lettre était la suivante :

CAPITAINE RÉMI LITÈRE
CASERNE PAS DE QUARTIER

Cher Père Noël ! Repos !

Envoyez-moi l'équipement complet du parfait combattant, comprenant un gilet pare-balles, deux pistolets lance-fusées, un revolver et un casque à visière. En effet, je suis en retraite mais je <u>continuerai</u> ainsi à m'entraîner tous les samedis et les dimanches dans la forêt de Rambouillet. Pour le tir, je <u>clouerai</u> des cibles sur des poteaux et je <u>manierai</u> mon armement comme au bon temps où j'étais à la caserne. Grâce à vous, je n'aurai plus de problèmes et je <u>contribuerai</u> encore, s'il le faut, à la défense de notre beau pays.

Avec mes remerciements,

Rémi Litère

1. Quel est l'infinitif des verbes soulignés ?

2. Tous ces verbes contiennent une lettre qui ne se prononce pas. Laquelle ?

3. Relis la règle de formation du futur (page 58, deuxième point du résumé) et explique pourquoi cette lettre se trouve là.

manier	**continuer**	**clouer**
je manier**ai**	je continuer**ai**	je clouer**ai**
tu manier**as**	tu continuer**as**	tu clouer**as**
il/elle manier**a**	il/elle continuer**a**	il/elle clouer**a**

⚠ Pour ne pas oublier le <u>**e**</u> qui ne se prononce pas, il faut écrire l'infinitif en entier avant la terminaison.

1* ***Conjugue au futur les verbes :***
oublier - saluer - jouer.

2* ***Écris les verbes au futur.***

• Tu *crier* à tue-tête. • Je *remercier* mon parrain pour son beau cadeau. • Nous *colorier* les dessins de notre album. • Dès le mois de juillet, les jours *diminuer*. • Il n'*avouer* pas facilement son erreur. • Vous *plier* vos serviettes à la fin du repas. • Nous *louer* une villa pour l'été.

3** ***Écris les verbes aux temps indiqués :***
P = présent, F = futur.

• Nous *parier* (F) sur le meilleur cheval.
• Tu *clouer* (P) une planche.
• Vous *crier* (F) au secours.
• Je *photocopier* (P) un document.
• Vous *secouer* (F) le tapis dehors.

4** ***Complète le tableau.***

Verbe	Personne	Présent	Futur
jouer	ils	....	....
éternuer	j'	....	....
scier	vous	....	....
déplier	tu	....	....
trouer	nous	....	....
manier	elle	....	....

VOCABULAIRE

Le suffixe : du nom à l'adjectif

Cher Père Noël,

Tout le monde se moque de moi car je ne suis ni fort ni <u>courageux</u>. Est-ce que vous pouvez m'envoyer un jeu complet d'haltères et deux ou trois méthodes de gymnastique facilement <u>compréhensibles</u> ?

J'ai envie de devenir très costaud et <u>musclé</u>, et alors, ils verront tous...

Merci beaucoup et j'espère que ce ne sera pas trop lourd pour vous.

Rémo Viette

Lettres au Père Noël (4)

Et enfin, la quatrième...

–Encore des commandes ! gémit le Père Noël Barbesanspoil ! Il faut que je me dépêche !

1. *De quel nom est dérivé chacun des adjectifs soulignés ?*
2. *Quels suffixes a-t-on utilisés pour transformer les noms en adjectifs ?*

De nombreux suffixes permettent de transformer un nom en adjectif. Voici quelques exemples :

- **-eux/-euse** : *courage → courageux.*
- **-ant/-ante** : *impression → impressionnant.*
- **-al/-ale** : *vie → vital.*
- **-ier/-ière** : *printemps → printanier.*

1* Quels noms ont donné ces adjectifs dérivés ?

génial - peureux - brutal - amoureux - dangereux - coléreux - saisonnier - printanier.

2* Transforme les phrases selon le modèle :

Il a le cafard. → Il est cafardeux.

- Il garde le silence. → ...
- Pierre éprouve de la joie. → ...
- Ce chat a toujours peur. → ...
- Cet exploit est plein de gloire. → ...

3 À l'aide de suffixes, transforme les noms en adjectifs masculins.**

la grâce - la misère - le commerce - le monument - le volume - la rancune - le venin.

4 À l'aide de suffixes, transforme les noms en adjectifs féminins.**

la merveille - le doute - la grippe - le coton - la mort - l'intestin.

5 Complète ces phrases selon le modèle.**

Cette eau contient des minéraux, c'est de l'eau <u>minérale</u>.

• C'est un temps d'hiver, c'est un temps ... • Dans ce pays existe un problème de races, c'est un problème ... • C'est admis par la loi, c'est ...

6 Trouve l'adjectif correspondant.**

- Les empreintes des doigts ? *Les empreintes ...*
- Une transfusion de sang ? *Une ...*
- Un appareil pour les dents ? ...
- Une lotion pour les cheveux ? ...

VERS L'ÉCRIT

La lettre

Lettres au Père Noël (5)

Quelques minutes plus tard, les cadeaux étaient emballés, et le Père Noël partit comme une flèche. Ce qui explique sans doute ses petites erreurs.

En effet, trois jours plus tard, il reçut à nouveau quatre lettres. En voici une.

1. Qui a écrit cette lettre ?
2. Relève la date d'envoi de cette lettre.
3. Quelle formule figure au début de cette lettre ?
4. Relève la formule de politesse à la fin de la lettre.

Le 27 décembre

Cher Père Noël,

Une dînette ? À mon âge ? J'avoue que j'allais tout jeter à la poubelle, quand ma petite-fille est arrivée et m'a demandé de jouer avec elle et votre fichu cadeau. Comme je ne pouvais pas aller m'entraîner, j'ai accepté et nous nous sommes amusés tout le week-end. Vous ne me croirez peut-être pas, mais ça faisait longtemps que je n'avais pas autant rigolé avec mon « Bout d'chou ». Je crois bien que je recommencerai plus souvent.

Bien amicalement

Rémi Litère et Boutd'chou

D'après Nicolas de Hirsching, « Lettres au Père Noël » dans *La Véritable Histoire du Père Noël*, « Cascade contes », Rageot Éditeur.

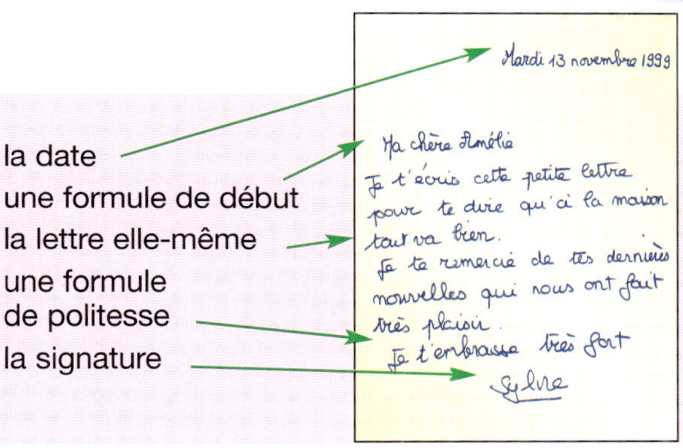

Une **lettre personnelle** est envoyée à quelqu'un que l'on connaît bien : parent ou ami(e).

Le style est plus ou moins amical, affectueux ou familier selon la personne à qui l'on écrit. Enfin, comme pour tous les autres textes, il est important de bien organiser ses idées.

1* *Relie chaque début de lettre à la situation qui lui correspond.*

J'ai bien reçu ton aimable petit mot qui m'a fait très plaisir. •	• Une personne se présente.
Je m'appelle Manon et j'habite en Provence. •	• Une personne donne des nouvelles.
Ton cadeau est super. C'est très gentil d'avoir pensé à ma fête. •	• Une personne remercie.
Nous avons fait un bon voyage. Mamie nous attendait à la gare. •	• Une personne répond à une lettre.

2* *Tu veux écrire à ton copain Pierrot. Recopie les formules de début qui conviennent.*

Pierrot - Cher monsieur - Salut - Bonjour - Jeune homme - Monsieur - Cher Pierrot.

3* *Même consigne avec la formule de politesse.*

Je te prie de croire à mes sentiments distingués. Amitiés. Sentiments les meilleurs. Bien amicalement. Ton copain (*ou* Ta copine). Crois à mes sentiments respectueux. Salut et à bientôt.

4 *Au lieu d'envoyer un faire-part, tu choisis d'adresser une lettre à un(e) ami(e) pour l'inviter à une grande fête chez toi. Rédige la lettre.***

5 *Tu es parti(e) en classe de nature. Écris à tes parents ou à quelqu'un de ta famille pour leur ou lui donner de tes nouvelles.***

GRAMMAIRE

Les constituants du GN : le déterminant et le nom

Le petit sapin (1) (résumé)

On est en novembre quand le ciel devient sombre au-dessus de la forêt. Un petit sapin voit venir le moment de Noël avec appréhension. Il est de plus en plus triste à mesure qu'il voit passer les jours. Il sait que pour accompagner cette grande fête, chaque année, des hommes viennent couper de jeunes sapins comme lui, les séparer de leurs racines et les emporter pour décorer leurs maisons. Il a vu certains de ses frères partir avec joie, fiers d'être décorés d'étoiles brillantes et de paillettes. Mais lui redoute ces honneurs et préfère sa vie simple sur la terre où il est né.

1. Relève le GN sujet de devient. Combien a-t-il de constituants ?

2. Compare ce GN aux deux GN soulignés. Qu'ont-ils de différent ?

■ Le groupe nominal (GN) est constitué d'un **déterminant** (D) et d'un **nom** (N) :

des	*sapins*
déterminant	nom
GN	

■ Le nom peut être accompagné d'autres constituants qui le précisent :

sa	*vie*	*simple*
la	*terre*	*où il est né*
déterminant	nom	autre constituant
GN		

1* *Souligne les deux groupes nominaux (GN) contenus dans chacune de ces phrases.*

- Le chacal est plus rusé que le loup.
- Le renard essaie de tromper le moineau.
- Une crêpe est meilleure avec de la confiture.
- La fillette part avec son panier.
- Deux matous regardent par la fenêtre.

2* *Copie les GN dans ce tableau.*

GN : dét + nom	GN : dét + nom + autre constituant
....	....

- Une servante portait à manger aux poules.
- Le coq piquait une épluchure de salade.
- Le petit poulet se trouvait en danger dans la forêt.
- La colère du roi fut terrible.

3 *Souligne les GN de ces phrases.***

- Les Esquimaux chassent les renards, les phoques et les caribous. Ils mangent la viande crue ou cuite.
- Pour plonger le seau dans l'eau, il faut d'abord creuser un trou dans la glace.
- Dans le ciel, la lune brille et se reflète dans la rivière gelée.

4 *Complète les phrases avec des GN.***

- Dans … on voit de gros nuages ; il va bientôt pleuvoir.
- À midi, beaucoup d'écoliers déjeunent à … .
- On abat les arbres avec … .
- Les petits pois, les artichauts, la salade sont … .
- On utilise … pour jouer au tennis.

ORTHOGRAPHE

Ne confonds pas s'en et sans

Le petit sapin (2)

Il peut vivre sans les étoiles d'argent et préfère les vraies étoiles qui brillent dans le ciel. Les lumières qui clignotent, il s'en moque, mais il préfère les cristaux de glace que l'hiver sème sur les forêts.

« Et puis, pense-t-il avec sagesse, que restera-t-il de nous quand l'homme nous aura séparés de nos racines et de cette bonne terre qui nous nourrit si bien ? »

Le petit sapin devient de plus en plus triste à mesure que passent les jours. Ses compagnons lustrent leur ramure au vent du soir, sans oublier de relever la tête pour être tout à fait dignes de leur grande gloire de Noël.

1. À quelle classe appartient le mot (ou groupe de mots) qui suit sans ?
2. À quelle classe appartient le mot qui suit s'en ?

■ **s'en** est toujours placé devant un verbe : *Il **s'en** moque.*

⚠ *Je **m'en** moque - tu **t'en** moques - il **s'en** moque...*

■ **sans** est un mot invariable qui a le même sens que en *absence de*.

Sans se trouve généralement devant un GN : *Il peut vivre **sans** ses étoiles d'argent.*

⚠ **sans** peut se trouver également devant un verbe à l'infinitif : ***sans** oublier...*

1* Sur le modèle, écris l'expression équivalente :

Il se moque de ce qui lui arrive. → Il s'en moque.

- Il s'occupe de ses oiseaux.
- Elle se lasse de cette robe.
- Il s'approche de la voiture.
- Une pomme se détache de l'arbre.
- Le camion s'éloigne de la ville.

2* Conjugue au présent s'en passer. Souligne ce qui remplace s'en aux diverses personnes.

3 Écris à la troisième personne du singulier.**

- Nous nous en étonnons.
- Voici le soleil, tu t'en déclares heureux !
- De la confiture, vous vous en barbouillez la figure.
- Je m'en contente.
- Ce bébé est coléreux, vous vous en amusez.

4 Complète avec s'en ou sans.**

- Des promeneurs marchent … se hâter. • Sous un ciel … nuages, ils … allaient vers la plage. • Un sanglier est cerné dans un bosquet, mais il réussit à s'échapper et il … éloigne … demander son reste.

5 Même consigne.**

- L'homme voit une huître ; il … empare … hésiter. • Nous sommes dans une plaine … arbres ; il … dégage une impression de tristesse. • Entrez … frapper. • Attention au vieux puits, il ne faut pas … approcher. • Il est parti sans qu'on … aperçoive, par une nuit … lune. • Je prends mon café … sucre. • Sans cesse, les hirondelles volent au-dessus de notre toit ; tantôt elles … éloignent, tantôt elles … rapprochent.

CONJUGAISON

Le passé composé des verbes du 1er groupe

Le petit sapin (3)

Noël est arrivé. Un matin, il y a eu effervescence dans la sapinière. Le maître des lieux a annoncé qu'on couperait les arbres le lendemain. Les petits sapins sont devenus tout excités.

– Crois-tu que ma cime sera assez belle pour porter une étoile ?
– Mes branches seront-elles assez arrondies ?
– Est-ce que j'aurai des bougies bleu pâle ?
– Est-ce que mes rameaux auront des guirlandes d'argent ?
– Serai-je dans un grand magasin ?

Le petit sapin ne dit toujours rien, mais il réfléchit beaucoup. Un rouge-gorge vient se poser sur une de ses branches pour se réchauffer les pattes en se mettant en boule.

1. Recopie les trois premiers verbes conjugués dans le texte.
2. Que remarques-tu ? Quels sont les éléments qui permettent de former ce temps ?
3. Pourquoi le participe passé devenus *est-il au pluriel ?*

Les verbes du 1er groupe en **-er**, comme *chanter*, se conjuguent la plupart du temps avec l'auxiliaire **avoir**, mais quelquefois avec l'auxiliaire **être**.

chanter			arriver		
j'	**ai**	chant**é**	je	**suis**	arriv**é (e)**
tu	**as**	chant**é**	tu	**es**	arriv**é (e)**
il/elle	**a**	chant**é**	il/elle	**est**	arriv**é (e)**
nous	**avons**	chant**é**	nous	**sommes**	arriv**é (e)s**
vous	**avez**	chant**é**	vous	**êtes**	arriv**é (e)s**
ils/elles	**ont**	chant**é**	ils/elles	**sont**	arriv**é (e)s**

⚠ Avec l'auxiliaire *être*, le participe passé s'accorde avec le sujet.
*Valentin, tu es arriv**é**.* *Valentine, tu es arriv**ée**.*
*Valentin et Valentine sont arriv**és**.*

1* ***Conjugue au passé composé les verbes :*** **marcher et tomber.**

2* ***Complète au passé composé.***

	oublier	téléphoner	entrer
Je (1 garçon)	....	....	....
Nous (2 filles)	....	....	....
Elles	....	....	....

3** ***Écris les verbes au passé composé.***

- Nous *sauter* du lit en entendant le réveil.
- Tu *plier* ta serviette après le repas.
- Les enfants *rentrer* hier.
- Les déménageurs *rentrer* le piano par la fenêtre.
- Elle *renseigner* un touriste.

4** ***Écris ce paragraphe au passé composé.***

Folco s'approche doucement du cheval. Il lance une corde autour de son cou. Le cheval se cabre et démarre à toute allure. Il entraîne l'enfant qui ne lâche pas la corde. Heureusement, Crin-Blanc s'arrête et se retourne.

5** ***Indique à quel temps est conjugué chaque verbe.***

- Je cueille des fraises.
- Le facteur a apporté une lettre.
- Nous flânerons dans la campagne.
- Les rossignols ont chanté toute la nuit.
- Le gendarme agite les bras.

VOCABULAIRE

Les préfixes (1)

Le petit sapin (4)

Le petit sapin plie sous la charge pourtant légère de l'oiseau.
– Tu n'as pas l'air d'aller bien, dit le rouge-gorge.
– J'ai beaucoup de soucis, répond le petit sapin.
– Dis toujours, dit le rouge-gorge, on verra ce que je peux faire pour toi.
– Je ne veux pas être un sapin de Noël.
– Je comprends ça !
– Ne pourrais-tu pas m'aider ?
– Je veux bien, mais comment ?
Ils ne restent pas inoccupés, ils cherchent un moyen.
– Je n'ai qu'une cervelle d'oiseau, pépie le rouge-gorge.
Ah ! J'ai trouvé !
Le petit sapin en reverdit de plaisir.
– J'ai trouvé ! redit le rouge-gorge. Je vais demander conseil au Bonhomme Hiver.

D'après Jean-Côme Noguès, « Noël au balcon, Pâques aux tisons » dans *La Véritable Histoire du Père Noël*, « Cascade contes », Rageot-Hatier.

1. Trouve le radical des mots soulignés.
2. Quels préfixes a-t-on utilisés ?

Chaque préfixe a une signification :
- **re-** ou **r-** (= répétition, retour en arrière) : *revenir, retrouver, rattraper, réaffirmer.*
- **pré-** (= avant, devant) : *préfixe, prémolaire, prédire.*
- **pro-** (= en avant de) : *projeter, provenir.*
- **im-, in-, il-, ir-, mal-** (= contraire) : *immobile, incomplet, illisible, irréfléchi, maladroit.*
- **mono-** (= un) : *monocoque, monoplace, monologue.*
- **bi-** (= deux) : *bimensuel, biréacteur, bicyclette.*

1* *Recopie ces mots en soulignant les préfixes.*

revoir - prédire - illisible - biplace - monorail - reprendre - préélémentaire - inconstant.

2* *Construis des verbes nouveaux en ajoutant les préfixes : de, mé, re, pré, dis.*

venir - fabriquer - connaître - paraître - produire - dire - mettre - prendre.

3* *Trouve le verbe qui correspond à chaque définition et souligne le préfixe.*

- Faire une deuxième fois : ....
- S'abonner de nouveau : se ....
- Affirmer de nouveau : ....
- Aménager une nouvelle fois : ....

4 *Remplace les groupes soulignés par un seul mot formé avec le préfixe anti- :***

- Un liquide contre le gel : un liquide ....
- Un casque contre le choc : ....
- Des mesures contre la pollution : ....
- Un produit contre les poux : ....

5 *Utilise un préfixe pour dire le contraire.***

visible - légal - honnête - utile - possible - odorant - heureux - supportable.

6 *Observe ces groupes de mots et trouve deux significations au préfixe extra-.***

- des haricots extra-fins • un extra-terrestre.

La fiche de fabrication

Une décoration du sapin de Noël avec des balles de Ping-Pong

Matériel
- balles de Ping-Pong
- tulle
- morceaux de guirlande argentée ou colorée
- ruban argenté, doré ou de couleurs

Réalisation

- Perce des balles de Ping-Pong avec une grande aiguille de bout en bout.
- Passe un fil pour l'accrocher à l'arbre. Décore les balles à ton goût.
- Fais un nœud avec du tulle puis colle des morceaux de rubans.
- Découpe des petites franges de guirlande. Enduis ta balle de colle et fais-la rouler dans les franges.
- Enveloppe la balle de tulle puis colle des décorations à ton goût.

1. Relève les titres des différentes parties de cette fiche.

2. Qu'est-ce que cette fiche te permet de réaliser ?

3. Comment sont conjugués les verbes ?

■ **La fiche de fabrication** d'un objet doit contenir toutes les indications nécessaires pour réaliser cet objet. Il faut donc :
– établir la liste du matériel nécessaire,
– préciser les étapes de la réalisation,
– faire un dessin s'il le faut,
– présenter clairement chaque partie.

■ On utilise le plus souvent l'impératif présent mais, parfois aussi, le présent de l'indicatif ou l'infinitif.

1* a. ***Écris la liste de tout le matériel nécessaire pour réaliser ce jeu :*** **La course de carrés.**

Dessine cinq carrés de même dimension sur du carton. Découpe-les. Plie-les en deux et colorie-les. Installe en pente cinq ficelles de même longueur et place sur chacune un carré en équilibre.

b. ***Imagine une règle à ce jeu.***

2** ***Écris la fiche de fabrication du lance-billes.***

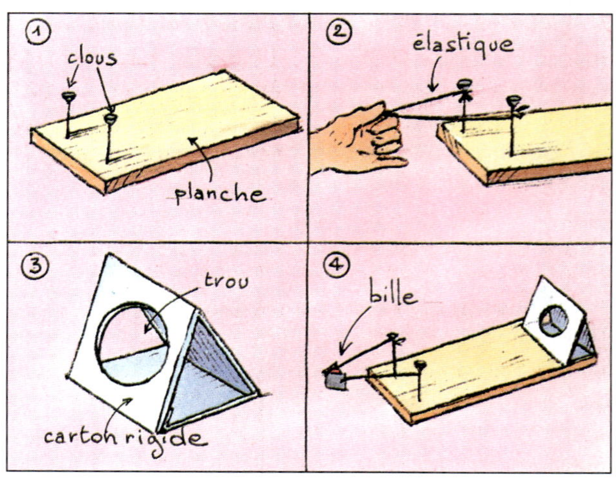

GRAMMAIRE

Un constituant du GN : le déterminant

L'apprenti sorcier (1)

Dès que Strega Nonna eut tourné les talons, le Grand Antoine entra dans la maison, prit un chaudron sur l'étagère et le posa par terre.
« Maintenant, voyons si je me rappelle ces paroles, dit-il, puis il chanta :

Fais bouillir l'eau, mon cher chaudron !
Cuis mes pâtes : que ça soit bon.
J'ai faim ; c'est l'heure du souper.
Prépare de quoi me bourrer. »

En effet, le contenu du chaudron se mit à bouillir et se remplit de pâtes.

1. *Copie les quatre GN soulignés. Quels sont leurs constituants ?*
2. *Supprime le déterminant de chaque GN. Quelle remarque peux-tu faire ?*
3. *Relève, dans le texte, deux autres GN constitués d'un déterminant et d'un nom.*

■ Dans le GN, le nom est en général précédé d'un déterminant : *la maison - ces paroles.*

■ Les déterminants les plus fréquents sont :
– **les articles définis** : le, la, l', les → *les talons,*
– **les articles indéfinis** : un, une, des → *un chaudron.*

⚠ Il existe d'autres déterminants :
– **les adjectifs possessifs** : mon, ton, son - ma, ta, sa - mes, tes, ses - notre, votre, leur - nos, vos, leurs.
– **les adjectifs démonstratifs** : ce, cet, cette, ces.

1* ***Souligne les noms et entoure leur déterminant.***

Un homme menait sa chèvre à la foire. Sur le pont, la chèvre refuse d'avancer. Le bonhomme appelle un chien et dit : « Mors la chèvre. » Le chien n'a pas voulu mordre la chèvre. Alors le bonhomme appelle le loup qui se promenait dans les bois et dit : « Mange le chien. »

2* ***Copie seulement les GN dans lesquels le déterminant est un article et souligne celui-ci.***

Il était une fois un petit garçon qui s'appelait Sambo. Et sa mère s'appelait Mambo. Sa mère lui fit une veste et des pantalons. À la foire, elle lui acheta des souliers. Avec ses vêtements et ses souliers, Sambo sortit se promener dans la jungle. Il rencontra le tigre.

3* ***Souligne d'un trait les articles définis et entoure les articles indéfinis.***

La caravane cheminait depuis deux jours déjà quand elle arriva dans une région recouverte d'une herbe rare. Des rochers jalonnaient la piste et impressionnaient les pionniers. Le convoi déboucha d'un défilé. La piste s'élargit en une plaine où ne poussaient que des cactus. Tout à coup, ils virent un cavalier.

4** ***Relève uniquement les GN dans lesquels le déterminant est un adjectif possessif.***

« Catherine, où as-tu mis tes jouets ? Je ne vois plus rien. Où est ta balle ? Et ton ours ? Et tes patins ?
– Je les ai rangés. J'ai mis ma balle dans l'armoire, mon ours dans mon lit et mes patins sous la table. »

ORTHOGRAPHE

Le son [k]

colère, trafic, quoi, coq, souk, stock, chorale

L'apprenti sorcier (2)

« Aha ! » fit le Grand Antoine, et il se précipita vers la Grand-Place. Juché sur le bord d'une fontaine, il s'écria : « Que chacun aille chercher des fourchettes, des couteaux, des assiettes, des plats et des récipients. Il y a un stock de pâtes pour tout le monde chez Strega Nonna : le Grand Antoine a fait marcher le chaudron magique ! »
Bien entendu, les habitants accoururent. (...) Effectivement, en arrivant chez Strega Nonna, ils virent le chaudron si rempli qu'il commençait à déborder. Il y en avait plus qu'il ne fallait pour tous y compris le prêtre et les religieuses du couvent. Certaines personnes revenaient se servir, mais le chaudron n'était jamais vide.

1. *Copie les dix mots contenant le son* [k]. *Quelle écriture de ce son te semble la plus courante ?*

2. *Prononce les mots* accoururent *et* accident. *Que remarques-tu ?*

Le son [k] peut s'écrire :
- **c** → *couteau - chacun*
- **cc** → *accourir*

⚠ **cc** se prononce parfois [ks] → *accident*
- **qu** (ou **q** en fin de mot) → *chaque - coq*
- **k, ck** → *képi, stock*
- **ch** → chorale

1* ***Classe les mots dans le tableau.***

	On entend [k]	On n'entend pas [k]
On écrit c	....	....
On n'écrit pas c	....	....

canard - ceinture - quille - serrure - savon - corbeau - cigale - képi - culotte - centime.

2* ***Classe les mots dans le tableau.***

Le son [k] s'écrit		
c	cc - ck - ch	autre que c
....	....	....

acrobate - orchestre - piqûre - chorale - quatre - corne - couleur - accordéon - ticket - kilo.

3** ***Sur le modèle, complète :***
- *On disloque* → la *dislocation*
- Il convoque → la …
- Nous … → l'embarcation
- Tu indiques → l' …
- Il éduque → l' …
- Tu … → la fabrication

4** ***Complète les mots pour écrire le son*** [k].

Le petit cha…al aime beaucoup les …o…illages. Il va en chercher au fleuve, a…ompagné de son ami le …angourou. Ils sont …ontents et ils chantent en …œur. Mais le vieux cro…odile les observe, il veut les …apturer.

CONJUGAISON

Le passé composé des verbes du 2e groupe

L'apprenti sorcier (3)

Bientôt, les pâtes ont envahi la ville se répandant dans toutes les rues. Il a fallu prendre des mesures urgentes. Le maire a déclaré :
« Protégeons la ville de l'invasion des pâtes. Élevez une barricade avec des matelas, des tables et des portes ! »
Hélas cela n'eut aucun succès : le contenu du chaudron persistait à bouillir et les pâtes poursuivaient leur marche.
La foule se tourna vers l'imprudent Antoine et les hommes hurlèrent :
« Pendons-le, il l'a bien mérité !
– Attendez ! dit un sage, réfléchissons avant d'agir ! »

1. Dans les trois premières phrases, quels sont les trois verbes conjugués au passé composé ?

2. Quel est leur infinitif ? À quel groupe chacun de ces verbes appartient-il ?

Au **passé composé**, les verbes du 2e groupe (en **-ir** / **-issons**) se conjuguent comme **finir** :

j'	**ai**	fini	nous	**avons**	fini
tu	**as**	fini	vous	**avez**	fini
il/elle	**a**	fini	ils/elles	**ont**	fini

1* *Complète au passé composé.*

	rougir	avertir	réussir
tu	....	....	....
vous	....	....	....
ils	....	....	....

2 *Complète avec les verbes au passé composé.***

• Les rideaux *blanchir* au soleil. • Vous *farcir* une dinde pour Noël. • L'agence *garantir* notre sécurité. • Le serveur *garnir* les assiettes. • Tu *gravir* l'escalier du phare. • Le vétérinaire *guérir* mon perroquet. • Un camion *surgir* de la petite route. • Nous *fournir* un travail important. • J'*applaudir*.

3 *Écris chaque verbe au temps indiqué :* P = présent ; F = futur ; PC = passé composé.**

- Vous *obéir* (P) à vos parents.
- Vous *saisir* (F) cette chance.
- Nous *nourrir* (PC) nos animaux avant de partir.
- Le médecin *guérir* (F) facilement ce bobo.
- Ces avions *franchir* (PC) le mur du son.

4 *Même consigne.***

- Brusquement, vous *surgir* (PC) de l'ombre.
- Tu *rougir* (PC) au soleil.
- Vous ne *remplir* (F) pas complètement le seau.
- Le maître ne pas *punir* (PC) ses élèves.
- Une biche *bondir* (P) devant la voiture.

VOCABULAIRE

Les préfixes (2)

L'apprenti sorcier (4)

Pendant ce temps, les pâtes continuaient leur marche. « Nous sommes perdus ! s'exclama la population. Les pâtes vont emprisonner notre ville. »
Les religieuses du couvent se mirent en prière.
Les choses auraient mal tourné si Strega Nonna n'était apparue, de retour de voyage. Du premier coup d'œil, elle comprit ce qui s'était passé. Elle chanta la formule magique transformée pour la cause et envoya les trois baisers. Avec un dernier clapotis, les pâtes cessèrent de bouillir et d'avancer.
La foule s'écria : « Oh, grazie, merci, merci à toi, Strega Nonna. »
Puis elle se retourna vers le pauvre Grand Antoine (...) et dit : « C'est bon, Antoine, tu as voulu mes pâtes, mais moi, je veux dormir dans mon lit ce soir. Alors tu vois ce qu'il te reste à faire : mange ! »
Et c'est ce qu'il fit le pauvre Grand Antoine.

D'après Tomic de Paola, *Strega Nonna ou le Chaudron magique,* Flammarion.

1. Trouve le radical de chacun des mots soulignés.
2. Quels préfixes a-t-on utilisés ?

Chaque préfixe a une signification :

- **en-** ou **em-** (= dans) : *emprisonner* → mettre dans une prison.
- **a-** ou **é-** (= rendre plus) : *amaigrir* → rendre plus maigre ; *éclaircir* → rendre plus clair.
  ⚠ **a-** peut se transformer pour prendre les formes **ap-, as-, ag-, al-...**
- **inter-, intra-, intro-** (= entre, au milieu de, parmi) : *intramusculaire* → dans les muscles.
- **trans-** (= au-delà) : *transporter* → porter au-delà.

1* *Complète selon le modèle :*

Rendre plus grand → agrandir

Rendre plus mince : ...
Rendre plus large : ...
Rendre plus plat : ...
Rendre plus doux : ...

2* *Complète en utilisant les préfixes en- ou em-.*

Mettre en tas : ...
Monter en barque : ...
Rendre plus laid : ...
Mettre en caisse : ...
Rendre plus beau : ...
Faire un paquet : ...

3* *Complète en utilisant les préfixes : a-, ap-, as-, al- ou ag-.*

Rendre plus souple : ...
Rendre meilleur : ...
Rendre plus pauvre : ...
Rendre plus grave : ...
Rendre plus léger : ...
Rendre plus grand : ...

4 *Complète les mots à l'aide du préfixe qui convient : inter-, entre- ou intra-.***

- L'infirmière lui a fait une piqûre ...musculaire.
- Mon morceau de viande préféré est l'... côte.
- Monsieur Durand s'est ...posé dans la dispute.

5 *Forme d'autres verbes en utilisant les préfixes entre- ou inter-.***

venir - croiser - voir - caler - ouvrir.

6 *Complète avec les préfixes trans- ou tré-.***

- Mourir, c'est ...passer.
- Changer une plante de place, c'est la ...planter.
- Un pays situé au-delà des Alpes est ...alpin.
- Les navigateurs viennent de terminer la course ...atlantique.

La recette

La tête de la sorcière

Les ingrédients pour 8 personnes

– 8 petites tomates
– 2 œufs durs
– 1/2 poivron jaune
– 1 bouquet de ciboulette
– 1 petite boîte d'œufs de lump noirs
– 1 tube de mayonnaise

Préparation

Lave les tomates et essuie-les. Coupe le haut des tomates et évide-les à l'aide d'un petit couteau. Découpe sur chaque tomate une bouche de sorcière et deux petits trous pour les yeux. Remplis l'intérieur de chacune de mayonnaise.
Écale* les œufs et coupe-les en rondelles. Dispose sur chaque tomate une rondelle d'œuf puis ajoute de la mayonnaise. Parsème-la d'œufs de lump et pique des brins de ciboulette de 3 ou 4 cm. Remplis les yeux et la bouche avec des morceaux de poivron et de la mayonnaise. Place tes têtes de sorcière au frais.

1. *Relève les titres des différentes parties de la fiche.*
2. *Comment sont conjugués les verbes ?*
3. *Quelles remarques peux-tu faire en comparant cette fiche à celle de la page 80 ?*

* Écaler : enlever la coquille.

D'après *Goûters et Fêtes enfantines*, Hachette Jeunesse, 1995.

■ **Une recette** permet de réaliser un plat.

Pour écrire une recette, il faut :

– donner des renseignements précis concernant **la préparation** (ingrédients, matériel, quantité, temps de cuisson, etc.) ;

– donner des consignes claires et brèves pour **la réalisation** (verbes à l'infinitif ou à l'impératif) ;

– respecter **l'ordre des actions** à accomplir (un verbe par action).

1* ***Voici les ingrédients pour la recette des avocats au thon. Imagine la préparation.***

Pour 4 personnes : 2 avocats, 1 grosse boîte de thon au naturel, 1 citron, de la crème fraîche, du sel et du poivre.

2** ***Observe les croquis qui te permettent de réaliser cette salade. Rédige les étapes de la préparation. Imagine un titre alléchant.***

GRAMMAIRE

Noms communs
Noms propres

On fait un journal (1)

Maixent, à la récré, nous a montré le cadeau que lui a donné sa marraine : une imprimerie. C'est une boîte où il y a des tas de lettres en caoutchouc, et on met les lettres dans une pince et on peut faire tous les mots qu'on veut. Après, on appuie sur un tampon plein d'encre comme il y en a à la poste, et puis sur un papier, et les mots sont écrits comme dans le journal que papa lit. (...)
– Hé, les gars, a dit Rufus, si on faisait un journal ?
Ça, c'était une drôlement bonne idée et on a tous été d'accord, même Agnan, qui est le chouchou de la maîtresse. (...)
– Et on va l'appeler comment le journal ? j'ai demandé.
Là, on n'a pas pu se mettre d'accord. Il y en avait qui voulaient l'appeler « le Terrible », d'autres « le Triomphant », d'autres « le Magnifique » ou « le Sans-Peur ».

1. Quels sont les noms des personnages de cette histoire ?
2. Quels titres sont proposés pour le journal ?

■ Les **noms propres** désignent une personne *(Maixent, Rufus, Agnan)*, une ville *(Paris)*, une publication *(Le Triomphant)*, un pays *(la France)*…
– Ils commencent par une lettre **majuscule**.
– Ils n'ont **pas de déterminant**.

⚠ Il faut écrire un déterminant devant les noms de pays : *la France* ; de région : *la Lorraine* ; de fleuve : *la Garonne* ; de peuple : *les Brésiliens* ; de publication : *Le Triomphant*, etc.

■ Les **noms communs** sont en général précédés d'un **déterminant** et ils commencent par une lettre **minuscule** : *le détective - la matinée - son ami*.

1* *Écris un nom propre pour chaque GN.*
- Un écrivain : …
- Un département : …
- Une marque de voiture : …
- Un président de la République : …
- Un acteur : …
- Un roi : …
- Un sportif : … .

2 *Classe les noms propres en :* noms d'animaux, noms de personnes, noms de lieux.**
- De Zurich, Françoise téléphona à Ballister.
- Yvonne avait téléphoné la veille à Bruxelles.
- Mabel conduisit Youki jusqu'à la niche de Phil.
- Chaque semaine, entre ses dents, Nika apportait le journal à Tantine.
- La maison des grands-parents de Jérémy est à Nice.

3 *Remplace quand c'est possible les GN par des noms propres que tu inventeras.***

La loge du comédien est vide → La loge de Pierre est vide.

L'éclairagiste et l'habilleuse, qui s'y trouvaient, n'étaient plus là. Les beaux costumes, la table, les fauteuils, les accessoires, tout avait disparu. La jeune fille aurait pu croire qu'elle avait rêvé tout à l'heure. Elle sortit et se dirigea vers le village en prenant le sentier qui traversait la rivière.

4 *Remplace les noms propres par des GN contenant un nom commun.***

J'écris à Marie → J'écris à mon amie.

• Élodie se cramponnait à l'encolure de Crin-Blanc qui galopait à toute allure. • Lucie dit : « Je ne peux pas sortir car j'ai toutes les notes de M. Titus à recopier. » • Arrivée à Libourne, Célestine ne savait que faire. Tout à coup, elle fit sauter dans le creux de sa main le bouton doré tombé de la veste de Vincent et dit : « Aline, j'ai une idée. »

ORTHOGRAPHE

Ne confonds pas ses et ces

On fait un journal (2)

On a décidé que le titre, on le trouverait après.
– Et qu'est-ce qu'on va mettre dans le journal ? a demandé Clotaire.
– Ben, la même chose que dans les vrais journaux, a dit Geoffroy : des tas de nouvelles, des photos, des dessins, des histoires avec des voleurs et des morts tout plein (...).
[Maixent ne pourra pas imprimer <u>ces photos</u> : ce n'est pas possible avec son imprimerie et <u>ses lettres</u>.]
– Mais on peut faire des dessins, j'ai dit. Moi, je sais faire un château avec des gens qui attaquent, des dirigeables et des avions qui bombardent.
– Moi, je sais dessiner les cartes de France avec tous les départements, a dit Agnan. (...)
– Quand le journal sera imprimé, a demandé Eudes, qu'est-ce qu'on va en faire ?

1. Écris au singulier le premier GN souligné. Que devient <u>ces</u> ?
2. Écris au singulier le deuxième GN souligné. Que devient <u>ses</u> ?

- **ses** est le pluriel de **son** ou **sa** :
  *Il caresse **son** chien.*
  ↓
  *Il caresse **ses** chiens.*
- **ces** est le pluriel de **ce**, **cet**, **cette** :
  ***Ce** chat est gentil.*
  ↓
  ***Ces** chats sont gentils.*

1* ***Écris l'expression qui convient : <u>les siens</u>/<u>les siennes</u> ou bien <u>ceux-ci</u>/<u>celles-ci</u>.***

• L'agriculteur rentre ses récoltes (...). • Ces routes (...) sont plates. • L'écolier taille ses crayons (...). • Ces arbres (...) sont en fleurs. • La fillette couche ses poupées (...). • Nous allons déplacer ces tables (...).

2* ***Écris ces GN au singulier.***

ses chiens	ces voitures	ces nuages
ses billes	ces arbres	ses cheveux
ces hommes	ses clés	ces bouleaux

3* ***Écris ces GN au pluriel.***

sa fenêtre	cette ville	ce matin
ce chêne	ce lapin	son violon
cette famille	sa balle	cet enfant

4** ***Complète avec <u>ses</u> ou <u>ces</u>.***

• Voici ma sœur, j'entends ... pas sur le trottoir. • L'électricien prend ... pinces dans sa trousse à outils. • Tous ... pays font partie de l'Europe. • À qui sont ... skis ? • ... coups de tonnerre annoncent l'orage. • C'est dans ... flaques qu'il a sali ... chaussures.

5** ***Même consigne.***

• Ce marin raconte ... voyages. • Parmi ... voitures, la plus rapide est celle-ci. • Arthur n'a pas voulu partager ... bonbons avec ... sœurs. • ... deux autoroutes conduisent dans le Midi. • Une pièce de dix francs était tombée à ... pieds.

CONJUGAISON

Le passé composé des verbes être et avoir

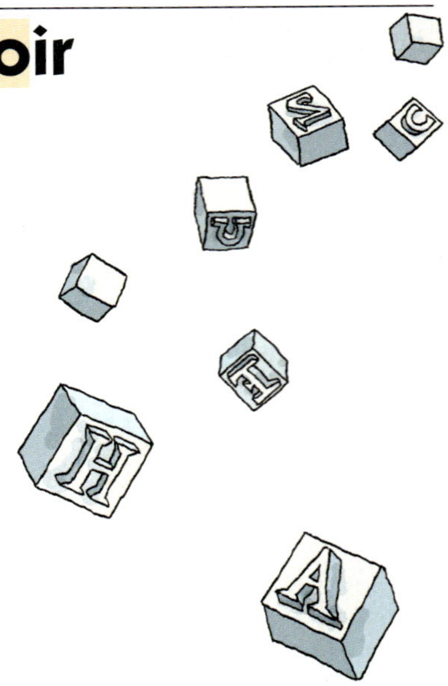

On fait un journal (3)

– Cette question ! a dit Maixent. On va le vendre ! (…) [Après, ils ont eu une discussion pour savoir à qui ils le vendraient.]
– Ben, a dit Alceste, à des gens, dans la rue. (...) Ben, je le vendrai pour très cher (…).
– Pourquoi toi ? C'est moi qui vais le vendre, a dit Clotaire ; d'abord, toi tu as les doigts toujours plein de gras, alors tu vas faire des taches sur le journal et personne ne voudra l'acheter.
– Tu vas voir si j'ai les mains pleines de gras, a dit Alceste, et il les a mises sur la figure de Clotaire. [Alors le petit Nicolas a été très étonné], parce que d'habitude Alceste n'aime pas se battre pendant la récré : ça l'empêche de manger. (...)
– Bon, alors c'est entendu, a dit Maixent, le directeur du journal, ce sera moi.
– Et pourquoi, je vous prie ? a demandé Eudes.
– Parce que l'imprimerie est à moi, voilà pourquoi ! a dit Maixent.

Sempé / Goscinny, *Les récrés du petit Nicolas*, © Denoël 1960.
[Les parties entre crochets sont des ajouts des éditions Hatier.]

1. À quel temps sont conjugués les verbes soulignés ?
2. Quel est leur infinitif ? Quel est l'auxiliaire utilisé pour les conjuguer ?

Au **passé composé**, les verbes **être** et **avoir** se conjuguent avec l'auxiliaire **avoir**.

être		**avoir**	
j' ai été	nous avons été	j' ai eu	nous avons eu
tu as été	vous avez été	tu as eu	vous avez eu
il/elle a été	ils/elles ont été	il/elle a eu	ils/elles ont eu

1* *Relie pour former des phrases.*

Les concurrents •	• as eu une belle récompense.
Cet homme •	• avons été de bons élèves.
Vous •	• a été ébéniste, autrefois.
Tu •	• avez été son ami.
Nous •	• ont eu de grosses difficultés.

2* *Remplace vous par tu.*

• Vous avez été malade. • Vous avez eu un dessert. • Vous avez été contents. • Vous avez eu les oreillons. • Vous avez eu de la chance.

3** *Quelles phrases contiennent le verbe avoir, lesquelles contiennent le verbe être ?*

• Tu *as eu* de bonnes nouvelles de tes frères.
• La glycine *a été* en fleurs le mois dernier.
• Je n'*ai* pas *été* triste.
• Les touristes *ont été* fatigués par la chaleur.
• J'*ai eu* très chaud.

4** *Complète avec les verbes au passé composé.*

• Nous *être* d'accord. • Vous *être* retenus et vos amis *être* mécontents. • Nous *avoir* des complications. • Dès 14 heures, tu *être* présent au stade. • En janvier, j'*être* très malade. • Tu *avoir* besoin de prendre un manteau. • Ils *avoir* de la peine à tenir jusqu'à l'arrivée. • Elle *avoir* le moral jusqu'au bout.

5** *Remplace vous par elles et écris les phrases à la forme négative.*

• Vous avez eu le deuxième prix.
• Vous avez été dans les premières.
• Vous avez eu de beaux cadeaux.
• Vous avez été parmi les gagnantes.
• Vous avez eu de belles journées.

Les suffixes diminutifs

HISTOIRE D'AMOUR

Bien sûr c'est mignon des chiots, des chatons, des lapereaux... Mais avoir des bébés animaux chez soi, cela demande du temps, de la place... Alors ne prends pas ta décision à la légère !

1. Relève les noms des bébés animaux. Comment sont formés ces noms ?
2. Indique le nom des animaux adultes correspondants.

■ Certains suffixes sont utilisés pour donner une idée de jeunesse ou de petitesse. On les appelle des suffixes **diminutifs** :

– **-eau** : lapin / lapereau
– **-on** : chat / chaton
– **-elle** : rue / ruelle
– **-et, -ette** : fille / fillette

1* ***Complète à l'aide de mots formés avec les suffixes -on ou -eau.***

Un jeune ours est un ...
Un jeune chat est un ...
Un jeune canard est un ...
Un jeune lapin est un ...
Un jeune lion est un ...
Un jeune oiseau est un ....

2* ***Utilise un suffixe diminutif pour former des mots nouveaux et emploie chacun dans une phrase.***

une boule → ...
un mur → ...
une fourche → ...
un garçon → ...

3* ***Relève dans chaque colonne l'intrus qui n'est pas un diminutif.***

hachette	squelette	boulette
toilette	cachette	vedette
clochette	planchette	tablette
languette	chansonnette	épaulette
maisonnette	fillette	brochette

4** ***Relève dans chaque liste le diminutif.***

pigeon	canon	coupon
donjon	guenon	clairon
ânon	lapon	citron
goujon	cabanon	maçon
chiffon	tampon	carafon

5** ***Complète la grille.***

Horizontalement
1. Petit arbre – 2. Petite tour – 3. Petit loup

Verticalement
A. Jeune dindon – B. Jeune souris – C. Jeune aigle – D. Petit ver

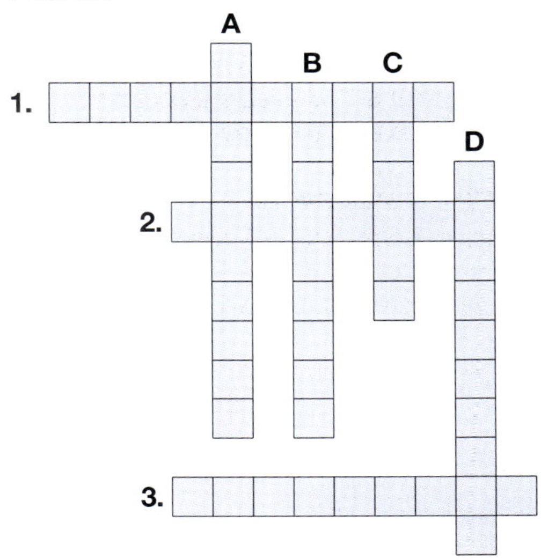

VERS L'ÉCRIT

L'article de presse

Hsing-Hsing, un des pandas géants américains, est mort

Le seul panda géant du Zoo national de Washington (États-Unis) est mort dimanche. Il avait 28 ans, un âge élevé pour ce genre de mammifère. Il ne reste plus que 5 pandas géants aux États-Unis.

Hsing-Hsing, un panda géant, était atteint d'une maladie incurable. Dimanche, les vétérinaires du Zoo national de Washington l'ont endormi pour toujours. Arrivé de Chine en 1972, il avait 28 ans, âge élevé pour ce genre de mammifère. Lui et sa compagne, Ling-Ling, décédée en 1992, avaient été offerts au président américain Nixon par le gouvernement chinois. Le couple a eu 5 petits mais aucun n'a survécu.

En voie d'extinction

Il ne reste plus que 5 pandas géants aux États-Unis. Cet animal est en voie d'extinction : il en subsiste seulement un millier à l'état sauvage. Tous sont dans les régions montagneuses de la Chine.

Mon quotidien, mercredi 1er décembre 1999.

1. *Dans cet article, comment le journaliste cherche-t-il à intéresser le lecteur ?*
2. *Dans le titre, quel mot te semble important ?*

- Le titre d'un article de presse cherche à accrocher l'attention des lecteurs.
- Lorsqu'on écrit un article, il faut donc toujours penser à la façon d'intéresser le lecteur par le sujet, la présentation avec le choix des photographies éventuellement, le titre de l'article, la place de l'article dans le journal.

Un enfant de quinze ans a été retrouvé dans la forêt du parc national de la Maraoué (Afrique). Il vivait au milieu d'un troupeau de buffles depuis treize ans. C'est un enfant sauvage.

Les 18 et 19 avril auront lieu à Métabief (dans le Doubs) les championnats du monde de VTT. On apprend que le VTT ferait partie des prochains Jeux olympiques d'Atlanta.

1* ***Lis ces articles. Trouve des titres « accrocheurs » (ils doivent résumer l'article et donner envie de le lire).***

2** ***Choisis un titre et écris l'article qui pourrait suivre (prends modèle sur les articles précédents).***

- Nice prépare son carnaval • Circulation : danger ! • Explosions en série sur Jupiter • Quel chien fidèle ! • Étrange poisson • Danger d'explosifs sur les plages.

3** ***En groupe, cherche une photographie sur un événement qui t'a frappé et écris l'article qui pourrait l'accompagner.***

4** ***En groupe, écris un article (avec un titre et une illustration) sur un événement qui a eu lieu dans ton école ou dans ton quartier.***

Évaluation 3

1. Sais-tu accorder le verbe avec son sujet ?

Accorde les verbes au présent.

● La grêle *abîmer* les feuilles et *casser* les tuiles. ● Le long du clair ruisseau *pousser* les pâquerettes. ● Le hibou et la chouette *chasser* la nuit. ● Devant le chien s'*envoler* une caille.

2. Sais-tu reconnaître les déterminants ?

Entoure les cinq déterminants du texte.

En se levant, Delphine et Marinette trouvèrent leurs parents occupés à coudre un sac. Sur la table, il y avait une pierre aussi grosse que le chat.

3. Sais-tu reconnaître les noms ?

Souligne les cinq noms de ce texte.

● Cette jeune fille danse bien ; elle aime la danse.
● Victor aiguise sa scie ; il scie une bûche.

4. Sais-tu distinguer des petits mots (s'en/sans – ses/ces) ?

Complète avec le petit mot qui convient.

● … inquiétude et … soucis, ils … allaient à la plage. ● Voyez … hirondelles ; elles vont vers le Sud et … douces températures.

5. Sais-tu écrire le son [k] ?

Complète par le son [k].

● Le …alendrier m'indi…ue la date. ● Ce …anard pèse deux …ilos.
● Nous nous baignons dans le la… .

6. Sais-tu écrire le son [j] ?

Complète par -ill-, -ll- ou -y-.

● Essu…ez-vous les pieds sur le pa…asson et appu…ez sur la sonnette. ● Un phare bri…e à travers le brou…ard.

7. Sais-tu distinguer les sons [j] et [ɲ] ?

Complète par -ill- ou -gn-.

● La console qu'elle a ga…ée est un merve…eux jouet. ● Nous avons mangé des nou…es, des bei…ets et des châtai…es.

8. Sais-tu conjuguer les verbes avoir et être au futur ?

Complète avec les verbes avoir ou être au futur.

● Le gâteau … bientôt cuit. ● Les élèves … deux jours de congé.
● Nous partirons quand vous … prêts. ● Cette émission … du succès. ● Tu … récompensé de tes efforts.

9. Sais-tu conjuguer les verbes en -ier, -uer et -ouer au futur ?

Conjugue les verbes au futur.

● Le bruit s'*amplifier* jusqu'à devenir assourdissant, puis il s'*atténuer* doucement. ● Demain tu *nouer* tes lacets. ● Nous *apprécier* de partir en vacances. ● Vous *jouer* tous ensemble.

Évaluation 3

10. Sais-tu conjuguer au passé composé ?

Écris au passé composé (attention aux accords).

• Vous *farcir* une oie pour Noël. • Nos voisins *rentrer* les lauriers roses avant les premières gelées. • Nos amis *rentrer* de vacances. • Je *être* malade le mois dernier. • Tu *avoir* des nouvelles de ta famille.

11. Sais-tu, à l'aide de suffixes, passer du verbe au nom ?

À l'aide de suffixes, forme un nom à partir de ces verbes :

multiplier - commencer - dépanner - sonner - bricoler.

12. Sais-tu, à l'aide de suffixes, passer du nom à l'adjectif ?

À l'aide de suffixes, forme un adjectif à partir de ces noms :

malheur - parent – nuage - roi - printemps.

13. Sais-tu former des mots dérivés à l'aide de préfixes ?

Quel mot formé à l'aide d'un préfixe correspond à chacune de ces définitions ?

• Planter à nouveau • Rendre plus clair • Produit contre la rouille • Rendre plus long • Lavage préparatoire.

14. Sais-tu reconnaître les suffixes diminutifs ?

Relève cinq mots formés avec des suffixes diminutifs.

lapereau - gentillet - jouet - fleurette - recette - carnet - poulet - boulette - manchette.

fais ton évaluation

	Je corrige chaque exercice	Je colorie le nombre de bonnes réponses 1	2	3	4	5	Si j'ai moins de 3 cases coloriées, je fais les exercices de révision p. 93-94
GRAMMAIRE	1. Accorder le verbe avec son sujet						1 et 3
	2. Reconnaître les déterminants						2 et 4
	3. Reconnaître les noms						5
ORTHOGRAPHE	4. Distinguer des petits mots						6 et 7
	5. Écrire le son [k]						8
	6. Écrire le son [j]						9 et 10
	7. Distinguer les sons [j] et [ɲ]						9 et 10
CONJUGAISON	8. Conjuguer les v. avoir et être au futur						11
	9. Conjuguer les v. en -ier, -uer et -ouer						12
	10. Conjuguer au passé composé						13 et 14
VOCABULAIRE	11. Passer du verbe au nom						15
	12. Passer du nom à l'adjectif						16
	13. Former des mots à l'aide de préfixes						17
	14. Utiliser les suffixes diminutifs						18

Révision 3

1

Dans ces phrases, trouve quatre GN et copie-les dans un tableau comme celui-ci.

déterminant	nom	autre constituant (lorsqu'il y en a)
....	....	....

● Les bœufs se regardèrent. ● Que faites-vous avec ces boîtes de peinture ? ● Il était dans le fond du pré. ● Nous regardions la foule agitée.

2

Souligne les noms et entoure les déterminants.

Énervé par les rires, le poney tourne la tête à droite, à gauche, comme s'il voulait chasser des mouches. On parvient à lui passer la bride, mais impossible de lui ajuster la selle. À peine posée sur son dos, il la rejette.

3

Copie en accordant les verbes au présent.

● Le rat des champs *rencontrer* le rat des villes. ● Les garagistes *réparer* les voitures et *entretenir* les camions. ● Le corbeau et la pie *trouver* des graines dans les champs. ● L'horloger *réparer* les montres et les réveils et *vérifier* l'horloge de l'église.

4

Copie chaque nom précédé de son déterminant.

Voici la vache qui a corné le chien qui a étranglé le chat qui a attrapé le rat qui a mangé la farine qui est dans le grenier de la maison que le garçon a bâtie.

D'après Miss Sara Cone Bryant, *Comment raconter des histoires*, Nathan.

5

Relève les noms propres et les noms communs.

« Faraud était un chien errant quand Bastien l'a capturé. Il ne deviendra jamais un chien de garde tirant sur sa chaîne, mais sera comme nous un fils de l'air, des routes, de la liberté », dit gravement Pizzicati.

6

***Complète par* s'en *ou* sans.**

● Tous les soirs, à vingt heures, le gardien ... va ... oublier de verrouiller la porte. ● ... l'intervention de Vincent, ils n'auraient pas pu ... sortir.

7

***Complète par* ses *ou* ces.**

● Le pilote prépare ... accessoires pour affronter ... routes impossibles. ● ... deux rues conduisent à la place du théâtre. ● Papa est rentré, je vois ... gants dans le vestibule. ● L'expédition est allée jusqu'à ... rapides que l'on voit sur la carte.

8

***Complète par* c, qu *ou* k.**

● Ce champ de blé est plein de ...o...eli...ots.
● Le pharmacien ...olle des éti...ettes sur des bo...aux.
● Les ...angourous vivent en Australie.

9

***Complète par* -ill- *ou* -gn-.**

● Le poussin co...e contre la coqu...e pour la briser.
● Le petit Africain porte un pa...e. ● On a enregistré la conférence sur une bande ma...étique.

Révision 3

10

***Réponds par un nom contenant* -ill *ou* -gn.**

- Pays habité par les Allemands ? L'…
- Animal qui coasse ? La …
- Viande cuite sur le gril ? Une …
- Variété de pâtes ? Des …

11

Complète avec les verbes au futur.

• Vous *être* un bon équipier. • Les joueurs *être* sous la pluie. • J'*avoir* des souvenirs à raconter. • Le gardien de but *être* de haute taille. • Nous *avoir* tous un équipement neuf. • J'espère que vous *être* satisfait de votre voiture. • Nous n'*avoir* pas notre billet à temps. • Tu *être* attentif à ce que dit le maître.

12

Complète avec les verbes au futur.

• J'*habituer* mon jeune chien à marcher près de moi.
• Les sauveteurs *se dévouer* sans compter.
• Tu *continuer* à marcher jusqu'au carrefour. • Nous n'*oublier* pas l'heure du rendez-vous.

13

Écris les verbes au passé composé.

• Les enfants *écosser* les petits pois. • Je *arriver* à midi. • Nous *nettoyer* les tables. • La pluie *tomber* toute la semaine. • Mon cousin *nager* dans le ruisseau.

14

Écris les verbes au passé composé.

• Tu *réunir* quelques camarades. • Elles *grandir* depuis l'an dernier. • Le Père Noël *remplir* la cheminée de cadeaux. • Nous *rougir* de plaisir. • Vous *finir* le travail.

15

Transforme les phrases sur le modèle :

Le train démarre → Le démarrage du train
• L'élève bavarde. • L'avion atterrit. • Le maître explique. • Le chien grogne. • La nuit tombe.

16

Transforme sur le modèle :

Une route couverte de goudron → Une route goudronnée
• Une danseuse pleine de grâce. • Un livre qui passionne. • Un geste de théâtre. • Un homme en exil.
• Un château datant de la féodalité.

17

Pour chacun des mots, souligne le préfixe et écris ce que le mot signifie :

monoplace - bimensuel - antigel - illisible - préfabriqué - aplanir - enfermer - appauvrir.

18

À l'aide de suffixes diminutifs, forme le nom des petits de ces animaux :

la girafe - le lion - l'âne - le chat - le chien.

Va voir la suite p. 125

GRAMMAIRE

Le genre des noms : masculin ou féminin

La chèvre de monsieur Seguin (1)

M. Seguin n'avait jamais eu de bonheur avec ses chèvres. Il les perdait toutes de la même façon : elles allaient dans la montagne, et là-haut, le loup les mangeait. (…)
Après avoir perdu six chèvres, il en acheta une septième plus robuste que la vieille Renaude. Il eut le soin de la prendre toute jeune pour qu'elle s'habituât mieux à demeurer chez lui. Il l'appela Blanquette.
Ah ! qu'elle était jolie la petite chèvre de M. Seguin ! (…) avec ses yeux doux, sa barbiche de sous-officier, ses sabots noirs et luisants, ses cornes zébrées et son pelage blanc qui lui faisait une houppelande et puis docile, caressante, se laissant traire sans bouger, sans mettre son pied dans l'écuelle ; un amour de petite chèvre…

1. Copie dans une colonne les noms soulignés qui peuvent être précédés de un et dans une autre ceux qui peuvent être précédés de une.
2. Classe les autres GN du texte en noms masculins et noms féminins.
3. Quel est le féminin de loup ? Quel est le masculin de chèvre ?

Tous les noms ont un genre, **masculin** ou **féminin**, indiqué par leur déterminant.

- Les noms sont au **masculin** s'ils peuvent être précédés de : **un**, **le**, **mon**, etc.
- Les noms sont au **féminin** s'ils peuvent être précédés de : **une**, **la**, **ma**, etc.

⚠ **1.** Certains noms masculins de personnes ou d'animaux peuvent être mis au féminin :
*chat → chat**te***   *chanteur → chant**euse***   *cuisinier → cuisini**ère***   *ami → ami**e***

2. Certains noms de personnes ou d'animaux ont un masculin et un féminin différents :
homme / femme   *père / mère*   *garçon / fille*   *cheval / jument*   *bouc / chèvre*

3. Quelques noms de personnes n'ont pas de féminin :
un ministre, un témoin, un maire, un professeur, un écrivain, etc.

1* ***Copie en mettant le ou la.***

- … facteur remet une lettre à … maîtresse.
- … sœur de Félix parle à … coiffeuse.
- … tapissier livre un fauteuil à … charcutière.
- … cuisinière prépare … souper.
- … garçon de café sert … client.

2* ***Classe les noms de ce texte en deux colonnes :* noms masculins, noms féminins.**

Il y avait une fois un cochon, une cane et une oie qui s'entendaient très bien. Il y avait aussi un loup qui demeurait tout près d'eux, dans le bois. Un jour, chacun des trois camarades voulut se bâtir une maison. La cane alla dans le bois ; elle ramassa de la mousse et des feuilles et se fit une habitation.

3* ***Même consigne.***

L'oie alla dans le bois ; elle ramassa des feuilles, de la mousse et des petites branches, et elle se bâtit une maison. Mais le cochon prit des planches, des clous et un marteau, et se bâtit une solide maison. Et même, sur le toit, il planta une quantité de clous, la pointe en l'air.

4** ***Écris le féminin de ces noms.***

le bouc - mon neveu - le boulanger - le gardien - le berger - le chien - le roi - l'acteur - mon oncle - ton parrain - le lapin - le tigre.

5** ***Mets ces noms d'instruments de musique au singulier et indique s'ils sont masculins ou féminins.***

des harmonicas - des trompettes - des tambours - des accordéons - des clarinettes - des trombones - des guitares.

ORTHOGRAPHE

Les sons [p] et [b]

épi, emporter, apporter, bobine, club, abbaye

La chèvre de monsieur Seguin (2)

M. Seguin avait derrière sa maison un clos entouré d'aubépines. C'est là qu'il mit sa nouvelle pensionnaire. Il l'attacha à un pieu au plus bel endroit du pré, en ayant soin de lui laisser beaucoup de corde, et de temps en temps il venait voir si elle était bien. La chèvre se trouvait très heureuse et broutait l'herbe avec tant d'appétit que M. Seguin était ravi. « Enfin, pensait le pauvre homme, en voilà une qui ne s'ennuiera pas chez moi ! »
M. Seguin se trompait,
sa chèvre s'ennuya.

1. Copie les mots contenant le son [p] et ceux contenant le son [b].
2. Entoure les différentes façons d'écrire chacun de ces sons.

■ Le son [p] s'écrit : - **p** → *pré, tromper* - **pp** → *appétit.*

⚠ **1.** Généralement les mots commençant par [ap] prennent **pp** : *apparaître, appétit,* **sauf** apercevoir, aplatir, apaiser...

2. On ne peut pas avoir **pp** après **am-**, **em-**, **im-** : *ampoule, emporter, impossible,* etc.

■ Le son [b] s'écrit généralement **b** : *bien, brouter,* etc.

⚠ Les mots contenant **bb** sont peu nombreux : *abbé, abbaye, rabbin, sabbat,* etc.

1* ***En t'aidant s'il le faut d'un calendrier, écris cinq prénoms dans chacune des cases du tableau.***

	commençant par b	commençant par p
Prénoms féminins	....	....
Prénoms masculins	....	....

2* ***Complète ces mots par p ou b.***

- le ...ort - la ...uce - le ...lan
- le ...ord - le ...us - le ...anc.

3* ***Écris dans une colonne les noms qui contiennent le son [pl] et dans une autre ceux qui contiennent le son [bl].***

le tremble - un meuble - un temple - la cible - le peuple - le triple - la table - un peuplier - le plat - Naples.

4** ***Écris ces mots commençant par le son [ap].***

...artement ...étit ...laudir ...aiser
...eler ...latir ...renti ...areil

5** ***Dans ces mots, on a oublié de placer un p qui ne se prononce pas. Replace cette lettre.***

domteur - sculteur - comtable - set - batême - promtement.

6** ***Complète par p ou pp.***

- J'a...erçois mon camarade. Je l'a...elle.
- Le dompteur a a...rivoisé un jeune lion.
- Les enfants a...laudissent les clowns quand ils a...araissent.
- Vous vous a...itoyez sur le sort de ces pauvres gens.
- Les élèves a...rennent les règles de l'orthographe.

CONJUGAISON

L'imparfait des verbes du 1er et du 2e groupe

La chèvre de monsieur Seguin (3)

Un jour qu'elle regardait la montagne, elle se dit :
« Comme on doit être bien là-haut ! Quel plaisir de gambader dans la bruyère, sans cette maudite longe qui vous écorche le cou… C'est bon pour l'âne ou pour le bœuf de brouter dans un clos !… Les chèvres, il leur faut du large. »
À partir de ce moment, l'herbe du clos, dont elle se nourrissait, lui parut fade. L'ennui lui vint. Elle maigrissait ; son lait se faisait rare. C'était pitié de la voir tirer tout le jour sur sa longe, la tête tournée du côté de la montagne, la narine ouverte et faisant : Mé !… tristement.

1. Quel est l'infinitif des verbes soulignés ?
2. Ces verbes sont-ils conjugués à un temps du présent, du passé ou du futur ?
3. À quelle personne ces verbes sont-ils conjugués ?

1er groupe		2e groupe	
je	chant **ais**	je	fin **iss ais**
tu	chant **ais**	tu	fin **iss ais**
il/elle	chant **ait**	il/elle	fin **iss ait**
nous	chant **ions**	nous	fin **iss ions**
vous	chant **iez**	vous	fin **iss iez**
ils/elles	chant **aient**	ils/elles	fin **iss aient**

Dans la conjugaison à **l'imparfait**, les terminaisons sont les mêmes pour tous les verbes.
⚠ Pour les verbes du 2e groupe, on ajoute **-iss-** au radical.

1* *Complète avec les pronoms qui conviennent.*
- … choisissait un cadeau.
- … fournissaient de la farine au meunier.
- … gravissiez la côte.
- … salissais souvent tes chaussures.
- … finissions de dîner.
- … réussissiez dans toutes vos entreprises.

2* *Complète le tableau.*

Verbe	Personne	Présent	Imparfait
sauter	nous	....	....
pâlir	vous	....	....
choisir	nous	....	....
raconter	vous	....	....

3 *Conjugue à l'imparfait.***
- Vous pâlissez de froid.
- La pluie rafraîchit l'atmosphère.
- Les maçons bâtissent une maison.
- La secrétaire établit une facture.
- Les fraises mûrissent en juin.
- Tu rougis de plaisir.
- Je fleuris le salon.

4 *Conjugue à l'imparfait :***
marcher dans la montagne *et* franchir des ruisseaux.

VOCABULAIRE

Les contraires (1)

La chèvre de monsieur Seguin (4)

M. Seguin s'apercevait bien que sa chèvre avait quelque chose, mais il ne savait pas ce que c'était… Un matin, comme il achevait de la traire, la petite chèvre <u>blanche</u> avec ses sabots <u>noirs</u> se retourna et lui dit dans son patois :
« Écoutez, monsieur Seguin, je me languis chez vous. Laissez-moi aller dans la montagne.
– Ah ! mon Dieu !… Elle aussi ! cria M. Seguin stupéfait. (…) Bonté divine ! dit-il… mais qu'est-ce qu'on leur a donc fait à mes chèvres ? Encore une que le loup va me manger… Eh bien, non… je te sauverai malgré toi, coquine, et, de peur que tu ne rompes ta corde, je vais t'enfermer dans l'étable, et tu y resteras toujours. »

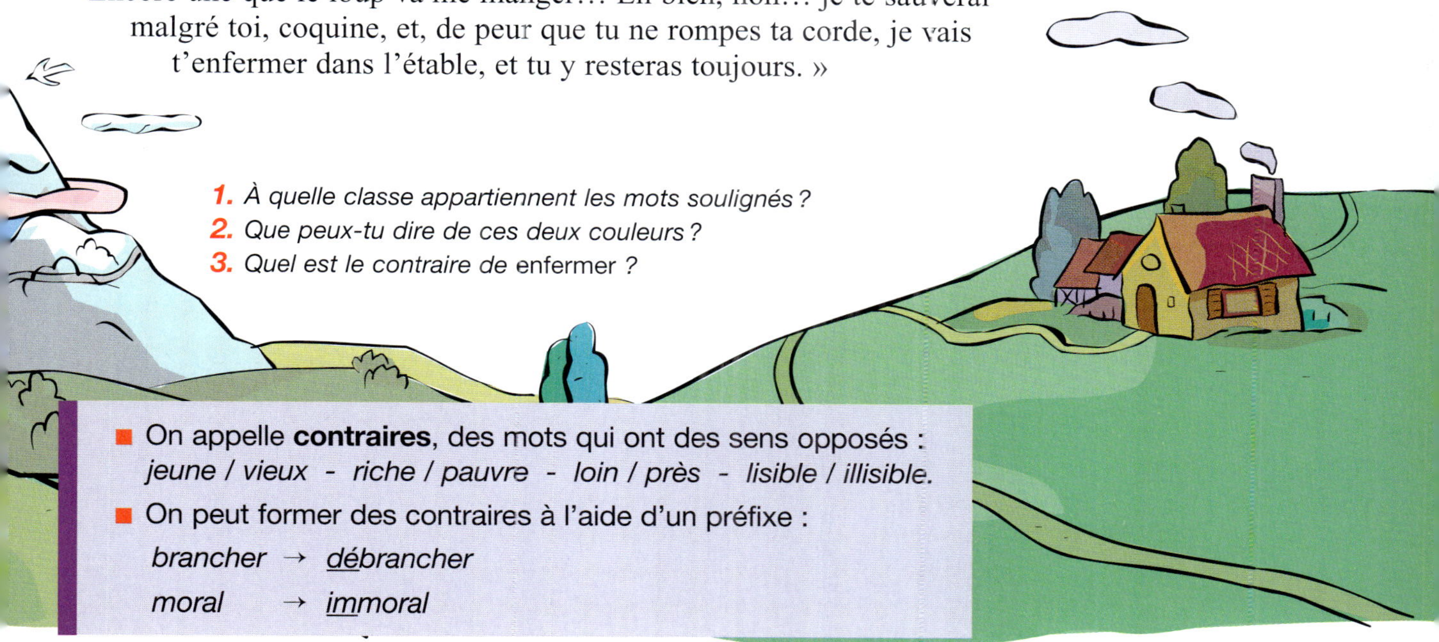

1. À quelle classe appartiennent les mots soulignés ?
2. Que peux-tu dire de ces deux couleurs ?
3. Quel est le contraire de enfermer ?

- On appelle **contraires**, des mots qui ont des sens opposés : *jeune / vieux - riche / pauvre - loin / près - lisible / illisible.*
- On peut former des contraires à l'aide d'un préfixe :
  brancher → <u>dé</u>brancher
  moral → <u>im</u>moral

1* *Place ces mots à côté de leur contraire :*
laideur - tristesse - nuit - méchant - humidité - fin.

jour / … beauté / …
joie / … commencement / …
sécheresse / … bon / …

2* *Groupe par deux les mots de sens contraire.*

solide
rapide
rugueux
fort

faible
lisse
fragile
lent

3* *Remplace chaque verbe par un verbe de sens contraire.*

• Nous avons emménagé vendredi dernier. • Remplissez les bidons. • Il faut ouvrir la fenêtre. • Vous ajouterez un peu de terre dans ce pot de fleurs. • À huit heures, il branche l'alarme.

4* *Complète.*

• Ce dessin est à l'endroit. Non, il est à …
• Le chien est dehors. Non, il est …
• La montagne est proche. Non, elle est …

5* *Remplace les adjectifs par des adjectifs de sens contraire.*

• Ma valise est légère. • Nous avons pris un repas copieux. • L'érable est un arbre minuscule. • Ce petit chat a toujours l'air gai. • Ces garçons n'aiment que les jeux brutaux.

6 *À l'aide des préfixes <u>in-</u> ou <u>im-</u>, forme le contraire des adjectifs suivants.***

valide - fidèle - perceptible - personnel - justifié - populaire - pénétrable - patient.

7 *À l'aide du préfixe <u>il-</u>, forme le contraire des adjectifs suivants. Emploie les trois premiers dans une phrase.***

légal - logique - limité - lisible - lettré.

VERS L'ÉCRIT

Le portrait

La chèvre de monsieur Seguin (5)

Un jour que M. Seguin avait le dos tourné, Blanquette en profita pour s'enfuir. Arrivée dans la montagne, elle gambada, brouta à sa guise, toute la journée, l'herbe savoureuse faite de mille plantes. Rapidement, le vent fraîchit, la montagne devint violette : le soir tomba. Soudain, un hurlement se fit entendre, puis, un bruit de feuilles. Elle se retourna et vit dans l'ombre deux oreilles courtes, toutes droites, deux grands yeux cruels qui luisaient : c'était le loup. Énorme, immobile, assis sur son train de derrière, il regardait la petite chèvre en la dégustant par avance.

D'après Alphonse Daudet, *La chèvre de monsieur Seguin.*

• *Comment se déroule l'arrivé du loup : qu'entend Blanquette ? que voit-elle ?*

Pour faire le portrait d'une personne ou d'un animal, on les décrit. On peut décrire de façons différentes mais il faut toujours organiser ses idées. Voici quelques exemples :

- On peut raconter ce qu'on entend, ce qu'on voit d'abord (…) : *Soudain, un hurlement se fit entendre (…) elle vit dans l'ombre deux oreilles courtes.*
- On peut aussi décrire une impression d'ensemble puis redonner des détails : *Le loup était énorme, immobile.*
- On indique enfin une attitude, un comportement qui montrent le caractère : *Énorme, immobile, assis sur son train de derrière, il regardait la petite chèvre…*

1* *Relis le portrait du loup et, sur ce modèle, fais le portrait d'un animal que tu aimes bien :*

Un … se fit entendre…

2* *Fais, en une ou deux phrases, le portrait de Harper (C'est le personnage de* Drôle de samedi soir *p. 42 et 44.)*

3 *Relis la page 20 et observe l'illustration. Fais le portrait du monstre en donnant d'abord une impression d'ensemble puis choisis un détail inquiétant.***

4 *Fais ton portrait ou celui de quelqu'un d'autre de différentes manières.***

• En ne donnant qu'un détail *(couleur de cheveux, taille, lunettes, vêtements préférés…).*

• En donnant une impression d'ensemble puis quelques détails : *Je suis plutôt petit(e) et…*

• En montrant par quelques comportements un aspect important de ta personnalité : *lenteur, rapidité, timidité, gourmandise…*

GRAMMAIRE

Le nombre des noms (1)

Ali Baba et les quarante voleurs (1)

Dans une ville de Perse, vivaient deux frères, l'un se nommait Cassim et l'autre Ali Baba. (…)
Cassim épousa une femme qui, peu de temps après leur mariage, devint héritière d'une boutique bien garnie, d'un magasin rempli de bonnes marchandises, et de fermes, qui le mirent tout à coup à son aise, et le rendirent un des marchands les plus riches de la ville.
Ali Baba, au contraire, qui avait épousé une femme aussi pauvre que lui, était logé fort pauvrement, et il n'avait d'autre industrie, pour gagner sa vie et de quoi s'entretenir, lui et ses enfants, que d'aller couper du bois dans les forêts voisines et de venir le vendre
à la ville, chargé sur trois ânes qui faisaient toute sa possession.

1. *Dans le texte, relève les noms qui sont au pluriel.*
2. *Mets ces noms au singulier. Quelle lettre as-tu supprimée ?*

■ Tous les noms ont un nombre, **singulier ou pluriel**, indiqué par leur déterminant.

– Les noms sont au **singulier** s'ils peuvent être précédés de : **un** ou **une**.
– Les noms sont au **pluriel** s'ils peuvent être précédés de : **des**.

■ On forme généralement le pluriel en ajoutant un **-s** au nom singulier :
*une maladie → des maladie**s*** *un enfant → des enfant**s***

⚠ Les noms terminés au singulier par **-s**, **-x**, **-z** ne changent pas au pluriel :
un pas → des pas *une croix → des croix* *un nez → des nez*

■ Les noms terminés par **-au**, **-eau**, **-eu** prennent un **-x** au pluriel :
*un tuyau → des tuyau**x*** *un château → des château**x*** *un cheveu → des cheveu**x***

1* ***Classe les noms en deux colonnes : noms singuliers, noms pluriels.***
- Une sorcière m'a griffé de ses ongles crochus.
- Devant la porte, il y a un tapis gris.
- Mon frère s'est cassé le bras.
- Ces enfants ramassent des noix.
- As-tu mal aux yeux ?

2* ***Même consigne.***
- Dans ce pays, on peut visiter des châteaux.
- Le jardinier prend son tuyau d'arrosage.
- N'oublie pas de mettre une croix dans les cases !
- Le feu a pris dans les escaliers.
- J'aime bien les bateaux.

3* ***Écris ces noms au pluriel.***
un chat - un cerf - une brebis - le coq - un lynx - un chameau - un poney - un héron - une perdrix - un crapaud.

4** ***Écris ces noms au pluriel et copie-les dans la colonne qui convient.***

On n'ajoute aucune lettre	On ajoute -s	-x
…………………………	…………………………	…………………………

un enfant - une poire - la croix - le mur - un jeu - ton neveu - un bras - ce tableau - mon manteau.

5** ***Complète avec des noms qui conviennent.***
- Des … circulent sur l'autoroute.
- Six … ont pris le départ du 400 m.
- En haut des clochers, il y a des … .
- Le jardinier fait des … de feuilles mortes.
- La couturière coupe le tissu avec des …
- Sur la plage, les enfants font des … de sable.

ORTHOGRAPHE

Les mots commençant par h-

Ali Baba et les quarante voleurs (2)

Ali Baba était, un jour, en train d'abattre des arbres dans une haie, loin de son hameau, et il achevait d'avoir coupé à peu près assez de bois pour faire la charge de ses ânes, lorsqu'il aperçut à l'horizon une grosse poussière qui s'élevait en l'air et qui avançait droit du côté où il était. Il regarda attentivement et il distingua une troupe nombreuse de gens à cheval qui venaient d'un bon train.

Quoiqu'on ne racontât pas d'histoires de voleurs dans le pays, Ali Baba néanmoins eut la pensée que ces cavaliers pouvaient en être.

1. Relève les mots du texte commençant par la lettre h.
2. Classe-les en deux groupes : ceux que l'on peut faire précéder de le ou la, ceux que l'on peut faire précéder de l'.

Quand un mot commence par un son voyelle comme [a], [o], [u] :

- si on peut le faire précéder de *le* ou *la*, il commence obligatoirement par un **h** (h aspiré) : ***la hache, le héron.***
- si on peut le faire précéder de *l'*, il commence :
  – soit par une voyelle : ***l'abricot, l'olive, l'usine,***
  – soit par un **h** (h muet) : ***l'heure, l'hôtel, l'humidité.***

1* Copie, en écrivant devant chaque mot le, la ou l'.

… habitation	… huître	… housse
… hanneton	… haie	… hache
… hangar	… héros	… horloge
… hélicoptère	… herbe	… hublot

2* Trouve un mot de la famille de chacun de ces verbes : *hérisser → le hérisson.*

habiter - horrifier - hennir - hospitaliser - heurter - honorer - harmoniser - harceler.

3 À l'aide du dictionnaire, trouve deux mots commençant par ha :**

– l'un aura un h aspiré,
– l'autre aura un h muet.

Emploie chacun de ces mots dans une courte phrase.

4 Copie en complétant par a- ou ha-.**

- Les …ricots sont de bons légumes et les …bricots des fruits délicieux.
- Deux …gneaux sont nés la semaine dernière.
- Dans le bois, les promeneurs marchent au …sard.
- L'…rmonica est un petit instrument de musique.
- La flotte était commandée par un …miral.
- L'…bdomen des insectes n'a pas de pattes.
- L'…louette est un petit oiseau des champs.

5 Trouve un adjectif correspondant à chaque mot et emploie-le dans une courte phrase.**

humilité → humble → La violette est une humble fleur.

hostilité – harmonie.

CONJUGAISON

L'imparfait des verbes voir, aller et venir

Ali Baba et les quarante voleurs (3)

Sans considérer ce que deviendraient ses ânes, il songea à sauver sa personne. Il monta sur un gros arbre, dont les branches <u>venaient</u>, à peu de hauteur, si près les unes des autres qu'elles n'étaient séparées que par un très petit espace. Il alla se poster au milieu d'elles avec d'autant plus d'assurance qu'il <u>voyait</u> sans être vu ; et l'arbre s'élevait au pied d'un rocher isolé, beaucoup plus haut que l'arbre, et escarpé de manière qu'on ne pouvait monter en haut par aucun endroit.

1. Quel est l'infinitif des deux verbes soulignés ?
2. À quel temps sont-ils conjugués ?
3. Les terminaisons sont-elles les mêmes que celles des verbes <u>chanter</u> et <u>finir</u> (page 98) ?
4. Conjugue le verbe <u>voir</u> aux première et deuxième personnes du pluriel. À quoi dois-tu faire attention ?

voir		aller		venir	
je	voy **ais**	j'	all **ais**	je	ven **ais**
tu	voy **ais**	tu	all **ais**	tu	ven **ais**
il/elle	voy **ait**	il/elle	all **ait**	il/elle	ven **ait**
nous	voy **ions***	nous	all **ions***	nous	ven **ions***
vous	voy **iez***	vous	all **iez***	vous	ven **iez***
ils/elles	voy **aient**	ils/elles	al **aient**	ils/elles	ven **aient**

⚠ *Ne pas oublier le **i** à la première et à la deuxième personne du pluriel.

1* ***Conjugue à l'imparfait :*** **revoir sa leçon.**

2* ***Conjugue les verbes aux personnes indiquées, au présent et à l'imparfait.***

aller	venir
présent je .... nous	**présent** je .... nous ....
imparfait j' .... nous	**imparfait** je .... nous ....

3** ***Écris les verbes à l'imparfait.***

- Sur le quai, les voyageurs *aller* et *venir*.
- L'an dernier, à cette époque, vous *venir* d'arriver.
- Nous *aller* à Paris chaque semaine.
- Tu *aller* à l'école à vélo.
- De cette place, vous *voir* bien.
- À cause du brouillard, l'automobiliste ne *voir* pas.

4** ***Même consigne.***

- Je *voir* bien qu'il *aller* tomber, mais je n'*avoir* pas le temps d'intervenir.
- Les prisonniers ne *voir* pas l'avenir en rose.
- Quand je n'*arriver* pas à faire mon exercice seul(e), ma mère *venir* m'aider.
- Les nuages, d'où *venir*-ils, de l'est ou de l'ouest ?
- Ces derniers jours, ma sœur n'*aller* pas bien.
- Je m'en *aller*, les poings dans mes poches crevées.

5** ***Invente des phrases à l'imparfait :***

- **aller** – troisième personne du pluriel.
- **venir** – deuxième personne du singulier.
- **voir** – troisième personne du singulier.

VOCABULAIRE

Les contraires (2)

Ali Baba et les quarante voleurs (4)

Les cavaliers, au nombre de quarante, arrivèrent près du rocher. Le chef prononça distinctement : « Sésame, ouvre-toi ! »
Une porte s'ouvrit et, un à un, les voleurs entrèrent. Puis la porte se referma.
Les brigands restèrent longtemps dans le rocher (…) puis la porte se rouvrit enfin ; quarante malfaiteurs sortirent. Après les avoir vus défiler devant lui, Ali Baba entendit : « Sésame, referme-toi ! » et la porte se referma.
Ali Baba avait retenu la formule magique et il fut pris de curiosité. Pourquoi ne pas essayer lui-même l'effet de ces paroles ?
Il se présenta devant le rocher et dit : « Sésame, ouvre-toi ! »

1. Que peux-tu dire des mots soulignés ?
2. Quel est le contraire de longtemps dans ce texte ?

1* Associe chaque mot à son contraire.

richesse	vieillesse
ami	ennemi
bien	pauvreté
jeunesse	guerre
paix	mal

2* Trouve les contraires des verbes suivants.

acheter - monter - ajouter - allumer - sortir.

3* Trouve les contraires des mots suivants.

en bas - dedans - toujours - beaucoup.

4 Recopie les phrases en remplaçant chaque mot souligné par l'un des contraires écrits entre les parenthèses.**

- Le loup **gentil** (cruel, gigantesque, hypocrite) mangea la petite chèvre.
- Cette terrible nouvelle l'a **calmé** (ravagé, bouleversé, dérangé).
- Je ne pourrai pas porter ce choses trop **légères** (pesantes, lourdes, grosses).
- Cette année-là, l'hiver était particulièrement **doux** (sévère, rigoureux, brutal).
- La victoire de ce lutteur prouve sa **faiblesse** (vigueur, énergie, force).

5 Transforme ces phrases pour dire le contraire.**

- L'huître **ouvre** sa coquille.
- Les poissons **montent** à la **surface** de la mer.
- « Je suis le lièvre le plus **rapide** », **cria**-t-il.
- La **grande** biche **arriva**, **effrayée**.

6 Complète par des contraires.**

Horizontalement
1. contraire de salé.
2. pas en hausse.
3. contraire de courageux.

Verticalement
A. absence de bruit.
B. pas droit.

VERS L'ÉCRIT

La description

Ali Baba et les quarante voleurs (5)

Dans l'instant même, la porte s'ouvrit et Ali Baba découvrit une grotte spacieuse et éclairée par une ouverture située en haut de la voûte.
D'un côté, il vit d'innombrables provisions de fruits, de viandes, de légumes. De l'autre, il aperçut des étoffes de soie, des tapis de grand prix. Au premier plan, s'amoncelaient dans de magnifiques coffres, de l'or, de l'argent et des bijoux étincelants. Au fond, dans des sacs appuyés au mur, il apercevait de grandes bourses de cuir remplies d'écus.
À voir tant de choses, il eut l'impression que cette grotte servait de cachette à des voleurs depuis des siècles.

1. Qu'indiquent les groupes de mots soulignés ?
2. Qu'est-ce qu'Ali Baba voit en dernier dans cette grotte ?

Pour faire une description, on peut :

- donner une impression d'ensemble ou présenter l'aspect général.
Ali Baba découvrit une grotte spacieuse et éclairée par une ouverture située en haut de la voûte.
- présenter avec ordre les différents éléments d'un lieu, d'un paysage comme si le regard se promenait.
D'un côté... de l'autre... au premier plan... au fond...

1* Sur le modèle de cette phrase, décris l'aspect général de la cour de ton école :

Le jardin ombragé de mon oncle s'étirait jusqu'à la rivière.

2* Décris ta chambre en suivant le même ordre que celui qui permet de découvrir la caverne d'Ali Baba :

D'un côté... De l'autre...

3 Aurélie est en classe de nature. Elle décrit à ses parents l'endroit où elle se trouve. Écris le texte.**

Nous logeons dans …
Au rez-de-chaussée …
Au premier étage …
Tout autour de …

4 Observe cette photographie et fais-en la description comme si tu découvrais ce lieu.**

GRAMMAIRE

Le nombre des noms (2)

Le ronronge (1)

Je m'appelle Petit-Féroce, j'ai les cheveux noirs et beaucoup d'appétit. J'habite avec ma famille, nous vivons dans une grotte très confortable, à flanc de falaise, au bord du lac de la Lune. (…)
Un jour, mon papa Grand-Féroce me demande : « Petit-Féroce, tu veux venir à la chasse avec ton frère ? Vous irez couper des <u>bambous</u> pendant que je chasserai les <u>animaux</u> dans la forêt. »
Une fois arrivé, j'entends un drôle de bruit : « RRrrrr… Rrrrr… » (…) et crac ! Brac ! Un banian s'effondre à ma droite. Alors j'ai vraiment peur, mes <u>genoux</u> tremblent (…) et soudain, je l'aperçois, juste devant moi (…) : un ronronge !

1. Quel est le nombre (singulier ou pluriel) des noms soulignés ?
2. Écris-les au singulier. Quelle est la marque du pluriel de chacun de ces noms ?

- Les noms en **-al** forment leur pluriel en **-aux** : *un journal* → *des journ**aux**.*
  ⚠ **Exceptions :** *des bal**s**, des carnaval**s**, des chacal**s**, des festival**s**, des régal**s**.*
- Les noms en **-ail** prennent un **-s** au pluriel : *un portail* → *des portail**s**.*
  ⚠ **Exceptions :** *des baux, des coraux, des émaux, des soupiraux, des travaux, des vantaux, des vitraux.*
- Les noms en **-ou** prennent un **-s** au pluriel : *un fou* → *des fou**s**.*
  ⚠ **Exceptions :** *des bijoux, des cailloux, des choux, des genoux, des hiboux, des joujoux, des poux.*

1* *Sur le modèle, mets au pluriel :*
le journal de l'école → les journaux des écoles.
• le bocal de ma tante • le total de l'addition • le titre du journal • le signal du machiniste • le cheval du jockey.

2* *Même consigne.*
• le rail de la voie • l'épouvantail du cerisier • le portail du château • le gouvernail du bateau • le travail de l'artisan.

3* *Écris ces groupe de mots au pluriel.*
• Un chou rouge.
• Le bijou de la reine.
• Le chant du coucou.
• Le cou de la girafe.
• Un caillou de collection.

4 *Écris ces phrases au singulier.***
• Les hôpitaux accueillent les malades.
• Les clous sont dans la boîte.
• Les cailloux me font mal aux pieds.
• Les moineaux nichent sous les toits.
• Les tribunaux rendent la justice.

5 *Complète avec la terminaison convenable : <u>-aux</u> ou <u>-eaux</u>.***
• Deux soupir… éclairent la cave.
• Les chev… galopent dans le pré.
• Ces cot… sont couverts de vignes.
• Les génér… commandent l'armée et les amir…, la marine.
• Les s… sont pleins d'eau.
• Les bébés dorment dans des berc… .

ORTHOGRAPHE

Le son [f]

fanfaron, massif, effet, physique

Le ronronge (2)

Je le vois surgir tout droit des racines du banian. Une drôle de bestiole noire, avec des oreilles pointues, une longue queue souple, des pattes pelucheuses, des yeux malicieux, et surtout de longues, longues dents qui lui sortent du museau. Un ronronge, un vrai ronronge, capable de grignoter la forêt en une fois entre le petit déjeuner et le dîner ! Il sautille devant moi et pousse de petits couinements affamés : il meurt d'envie de goûter à mes graines de tournesucette. Moi, je n'ose pas dire un mot : les ronronges sont terriblement craintifs, et c'est très difficile d'en attraper un. Je ne bouge pas. Alors, le ronronge allonge sa queue et cueille délicatement une banane, la soulève, la balance gentiment sous mon nez. Moi, je lui envoie une graine dans la gueule. (...) Il écarte joyeusement les oreilles et, du bout de la queue, me caresse doucement le nez : il m'aime bien !

• *Copie tous les mots contenant le son* [f] *et entoure les différentes écritures de ce son.*

Le son [f] peut s'écrire :

- **f** → *forêt, craintif.*
- **ff** → *affamé, difficile.*

⚠ Les mots commençant par [af], [ef], [of] s'écrivent **ff** : *affiche, effacer, offrir,* sauf *afin, Afrique, africain.*

- **ph** → *al**ph**abet, orthogra**ph**e.*

1* ***Cherche dans ce dessin cinq noms contenant le son*** **[f].**

2* ***Sur le modèle, trouve des adjectifs qui se terminent par -f :***

l'eau vive → l'air vif

• une bague massive → un bijou ... • une note brève → un son ... • une fillette pensive → un garçon ... • une fleur tardive → un fruit ... • une classe active → un groupe ... • une occupation productive → un travail ... .

3** ***Dans ton dictionnaire, cherche trois mots commençant par le son*** **[af]** ***et emploie chacun d'eux dans une phrase.***

4** ***Même consigne pour trois mots commençant par ph.***

5** ***Complète par f, ff ou ph.***

• La voiture a des ...ares puissants. • Mon ami fait de belles ...otos. • Le ...acteur apporte le courrier. • Il faut faire beaucoup d'e...orts pour atteindre le sommet. • Vous e...acerez le tableau avant de sortir. • Je suis bon en orthogra...e.

CONJUGAISON

Le présent et l'imparfait des verbes en -cer et -ger

Le ronronge (3)

Je lui propose :
« Alors ? tu as envie de venir avec moi dans notre grotte, au bord du lac ? » Il fait « rrr...rrr... », saute agilement sur mon épaule et enroule sa longue queue autour de mon cou. Tout content, comme je me dirige vers la grotte, je lui chatouille les oreilles.
Désormais, mon ronronge s'appelle Roûmm. Maman Jolie-Féroce l'aime bien et l'encourage à croquer les scorpions qui se déplacent sur les parois de notre grotte. Et pour se faire pardonner d'avoir mangé la massue de papa Grand-Féroce, il a rongé le pied d'un gros chêne : Rrrr, rrr, crac ! pour que papa se fabrique une belle massue neuve, encore plus belle… Et maintenant, Roûmm et moi, on chasse tout le temps ensemble !

1. Quel est l'infinitif des trois verbes soulignés ? À quel temps sont-ils conjugués ?
2. Conjugue diriger et déplacer à la première personne du pluriel. Que remarques-tu ?
3. Conjugue ces trois verbes à l'imparfait. Quelles remarques fais-tu sur l'orthographe des sons [s] et [ʒ] ?

verbes en -cer

présent	imparfait
je déplac **e**	je déplaç **ais**
tu déplac **es**	tu déplaç **ais**
il/elle déplac **e**	il/elle déplaç **ait**
nous déplaç **ons**	nous déplac **ions**
vous déplac **ez**	vous déplac **iez**
ils/elles déplac **ent**	ils/elles déplaç **aient**

⚠ Les verbes en **-cer** *(déplacer)* prennent une **cédille** sous le **c** devant **a** et **o** pour conserver le son [s] : *Nous déplaçons → Ils déplaçaient*

verbes en -ger

présent	imparfait
j' encourag **e**	j' encourag **eais**
tu encourag **es**	tu encourag **eais**
il/elle encourag **e**	il/elle encourag **eait**
nous encourag **eons**	nous encourag **ions**
vous encourag **ez**	vous encourag **iez**
ils/elles encourag **ent**	ils/elles encourag **eaient**

⚠ Les verbes en **-ger** *(diriger, encourager)* prennent un **e** après le **g** devant **a** et **o** pour conserver le son [ʒ] : *Nous encourag**e**ons → Ils encourag**e**aient*

1* ***Écris les verbes à l'imparfait.***

• Tu *loger* à l'hôtel. • Vous *loger* à l'hôtel. • Il *corriger* ses exercices. • Ils *corriger* leurs exercices. • Je *voyager* beaucoup. • Nous *voyager* beaucoup. • Tu *manger* avec appétit. • Vous *manger* avec appétit.

2** ***Remplace le sujet pluriel par le sujet singulier correspondant :***

Vous lanciez le ballon. → Tu lançais le ballon.

• Vous traciez un cercle. • Nous effacions le tableau. • Ils commençaient leur dictée. • Vous avanciez sur la route. • Ils déplaçaient une voiture.

3** ***Complète le tableau.***

Verbe	Personne	Présent	Imparfait
placer	je	....	....
changer	nous	....	....
diriger	ils	....	....

4** ***Écris les verbes à l'imparfait.***

• Ils *patauger* joyeusement dans la rivière. • Tu *bercer* ta petite sœur. • Vous le *juger* avec sévérité. • Je *ranger* mon bureau. • Elle *tracer* une marelle sur le sol. • Nous *encourager* les joueurs.

Les homonymes (1)

Le ronronge (4)

Moi, je suis un garçon, un grand garçon, un vrai garçon ! Je suis capable d'escalader un cocotier, de suivre un mammouth à la trace ou de cueillir un chardon-croque entre deux orteils. Et pourtant, ils sont dangereux, les chardons-croque. C'est d'ailleurs à cause des chardons-croque que je suis devenu l'ami de Cerise.

Un matin, je me promène avec Roûmm, mon ronronge apprivoisé, qui peut grignoter un bois de chêne en une matinée, rien que pour dégourdir ses longues dents. Je sifflote, fais rebondir sur mon épaule la jolie massue dont papa Grand-Féroce m'a fait cadeau pour mon anniversaire.

1. *Trouve dans le texte un mot qui se prononce comme* mois *(de juillet, d'août…) mais s'écrit différemment.*
2. *Trouve en dehors du texte d'autres mots qui se prononcent comme* deux *et* dent *mais qui s'écrivent d'une manière différente.*

■ Les homonymes sont des mots qui se prononcent de la même façon mais ne veulent pas dire la même chose.

■ Ils peuvent s'écrire de la même façon :
Elle a de beaux mollets. *J'aime les œufs mollets.*

■ Ils peuvent s'écrire de façon différente :
Le coq est le roi de la basse-cour.
Je mange un œuf à la coque.
On garnit la chaudière avec du coke (charbon).

1* ***Trouve les homonymes masculins et féminins.***

• Ce … s'occupe beaucoup de ses enfants. J'ai acheté une … de chaussures.
• La couturière reprise avec un … très solide. Quelle … devant ce cinéma !
• Pour poser du papier peint, on doit l'enduire de … . Cette route sinueuse monte jusqu'au … entre les deux montagnes.

2* ***Complète avec les homonymes :*** **ver, verre, vert, vers.**

• L'expédition se dirige ... le nord. • Le matin, je bois un … de lait. • Il a plu, le pré est bien … • Le pêcheur accroche un … à son hameçon.

3** ***Complète les phrases avec trois homonymes.***

• Il était une ... un pauvre pêcheur qui ne prenait plus de poissons. • Mon cousin a une hépatite : il a mal au ... . • Il faut le croire : c'est un témoin digne de ... .

4** ***Même consigne.***

• Marc transporte l'eau dans un ... . • Le fils du roi n'est pas très intelligent, on le dit même un peu ... . • Ce sportif a franchi la barre en faisant un superbe ... . • Cette lettre porte le ... du roi.

5** ***Même consigne.***

• Il va se mouiller car il est parti .... parapluie.
• Va voir dans la cuisine, je ... une odeur de brûlé.
• À l'hôpital, on lui a fait une prise de ... .
• Ce jeu coûte .... francs.

VERS L'ÉCRIT

Le narrateur

Le ronronge (5)

Je me méfie. Dans la forêt existent de grands dangers : les tigres à dents de sabre, des mammouths en balade, et parfois des expéditions lancées par les ennemis de notre tribu, les terribles Marmicreux…
Alors que je suis en train d'éplucher un tartichaud citronneux, j'entends un hurlement :
« Au secours ! »
Je sursaute. Mon ronronge pousse un cri aigu et me saisit nerveusement les talons.
« Au secours ! Au secours ! » (…)
Derrière un rideau de palmiers sauvages balancés par le vent, je découvre une prairie verte et douce, et j'aperçois une fillette de mon âge qui se bat de toutes ses forces contre un énorme buisson de chardons-croque.
Je la reconnais ! Cerise-qui-mord, la fille du sorcier de la tribu. Elle se fourre toujours dans des histoires impossibles.

D'après Paul Thiès, *Petit-Féroce n'a peur de rien,* « Cascade contes », Rageot Éditeur.

1. *Comment s'appelle l'auteur du livre* Petit-Féroce n'a peur de rien *dont est extrait ce texte ?*
2. *Qui raconte l'histoire ?*
3. *Quelle personne de conjugaison est utilisée ?*

■ L'auteur est celui qui écrit l'histoire. Le narrateur est la personne qui raconte l'histoire :
L'auteur du ronronge est Paul Thiès. Le narrateur est Petit-Féroce.

■ Parfois, le narrateur est extérieur à l'histoire, il connaît tout ce qui se passe. Il utilise les pronoms *il(s), elle(s)* pour désigner les personnages :
Il arriva à la porte du château et frappa.

■ Parfois, c'est un des personnages de l'histoire qui raconte. Dans ce cas, il utilise le pronom *je* :
Je m'appelle Petit-Féroce, j'ai les cheveux noirs…

1* ***Imagine que cette histoire soit racontée à la troisième personne. Récris ce passage de*** **« Alors que je suis… »** ***jusqu'à*** **« … au talon. »**

2* ***Relis le conte du jaguar très rusé (p. 6 à 9). Récris le premier épisode (p. 6) en imaginant que c'est le jaguar qui raconte lui-même son aventure.***

3* ***Relève le titre des textes, que tu as lus dans ce livre, où le narrateur est un des personnages de l'histoire. Indique le nom du personnage.***

4** ***Raconte le sauvetage de Cerise-qui-mord comme si tu étais Petit-Féroce. N'oublie pas d'utiliser la première personne !***

5** ***Récris la description d'Ali Baba dans la caverne (p. 105) comme si c'était toi qui la découvrais. N'oublie pas de nous confier tes impressions sur ce que tu vois et de préciser l'usage que tu comptes faire de tes trouvailles.***

6** ***Raconte une courte histoire qui t'est arrivée avec un animal. Utilise le pronom personnel « je ».***

GRAMMAIRE

Un constituant du GN : l'adjectif qualificatif

Les nuits du docteur M. (1)

Le docteur M. était un savant réputé. On venait de tous les coins du monde pour le consulter.
Il était fort impressionnant. Grand, maigre, sec, le regard froid, vêtu d'une blouse blanche impeccable et d'un nœud papillon irréprochable. (...) Dès que la nuit tombait, il fermait portes et fenêtres, baissait les stores, s'enfermait à double tour et pénétrait dans son laboratoire. Une immense table coupait la pièce en deux. Sur cette dernière s'alignaient des fioles et des récipients de toutes tailles contenant des liquides aux couleurs variées.

1. Recopie les quatre GN soulignés et entoure les noms qu'ils contiennent.
2. Souligne les mots qui précisent le sens de ces noms (qui les qualifient). Observe leur place.

■ L'**adjectif qualificatif** précise le sens du nom auquel il se rapporte :
un regard froid - un regard chaleureux.

■ La plupart des adjectifs qualificatifs se placent **après le nom** :
le ciel bleu - un chien gentil - un voilier rapide.

■ Mais certains (parmi les plus employés) se placent **avant le nom** :
mon grand frère - un beau vélo - un bon dessert.

1* Recopie les adjectifs qui figurent dans cette strophe.

Il était un grand mur blanc - nu, nu, nu
Contre le mur une échelle - haute, haute, haute
Et, par terre, un hareng saur - sec, sec, sec

Charles Cros, *Le coffret de santal*, Gallimard.

2* Classe les GN dans le tableau.

GN qui ont un adjectif avant le nom	GN qui ont un adjectif après le nom
....	....

- Des souliers blancs • Un curieux jouet
- Le petit bois • Deux papillons roux
- De grands peupliers • La rivière profonde
- Un coin fleuri • La belle saison
- Les feuilles mortes • Le soleil luisant.

3 Souligne les adjectifs dans ces phrases.**

- Un nouveau garage s'est installé dans une petite rue à la place d'une ancienne épicerie.
- Le prix des motos neuves a augmenté.
- Cette voiture a une ligne élégante et moderne.
- C'est une voiture sûre, confortable et économique.

4 Sur le modèle, transforme ces phrases en plaçant l'adjectif avant ou après le nom suivant les cas :**

Ce livre est beau. → Ce beau livre.

• Cette ville est grande. • Ces insectes sont minuscules. • Le parquet est ciré. • Son sourire est chaleureux. • Cet instrument est bizarre. • Les fruits sont mûrs. • Mes deux chiens sont grands.

5 Ajoute des adjectifs suivant le modèle :**

un vent → un léger vent parfumé.

trois poussins - la fleur - les boulevards - mon lit.

ORTHOGRAPHE

L'accord du participe passé sans auxiliaire

Les nuits du docteur M. (2)

Une nuit, le docteur M. décida de se livrer à <u>une expérience risquée</u> : avaler la potion qu'il avait mis des années à fabriquer. Il saisit une fiole portant l'inscription suivante : « V.R.A.C. » Il la regarda, hésita quelques secondes, en proie à une peur soudaine. « V.R.A.C. » était un mélange dangereux, il le savait bien : « Vanille », « Réglisse », « Appétit », « Chocolat »… L'heure était grave ! Jamais il n'avait goûté à la moindre friandise. (…)
<u>Le moment venu</u>, il inspira longuement, agita la fiole et, le cœur battant, avala d'un trait son contenu.
Puis il attendit. Alors se produisit… la transformation.

1. *Observe les deux groupes de mots soulignés.*
De quels verbes <u>risquée</u> et <u>venu</u> sont les participes passés ?

2. *Complète :* une expérience risquée → un essai risqu…
le moment venu → l'heure ven…

3. *Justifie la façon dont tu as accordé les deux participes passés.*

> Comme l'adjectif, le participe passé employé sans auxiliaire **s'accorde en genre et en nombre avec le nom** auquel il se rapporte :
> *un essai risqu**é*** → *une expérience risqu**ée*** → *des expériences risqu**ées***

1* ***Écris correctement les participes passés.***

• Des fleurs *parfumer* • Un jeu *permettre* • Un pantalon *déchirer* • Une poche *découdre* • Un abri *couvrir* • Une tarte *cuire* • Un problème *résoudre* • Une récompense *mériter*.

2* ***Même consigne.***

• Une branche *mourir* • Des feux *allumer* • Du lait *bouillir* • Du café *moudre* • Des enveloppes *affranchir* • Un événement *attendre* • Une auberge *réputer* • Des fruits *confire*.

3** ***Copie en accordant les participes passés :***

• Mon voisin a des plates-bandes bien entretenu… . • La représentation terminé…, tout le monde rentre chez soi. • Les joueurs battu… font triste mine. • Une fois les fruits cueilli…, les feuilles se mettent à tomber. • Voilà une poésie bien su… !

4** ***Même consigne.***

• La France, situé… dans la zone tempéré… du globe, est une contrée favorisé… par la nature. • La Garonne, grossi… par la Dordogne, prend le nom de Gironde. • Pris… à Compiègne, vendu… aux Anglais, Jeanne d'Arc périt brûlé… à Rouen.

5** ***Même consigne.***

• La récréation fini…, tout le monde reprend le travail. • Les moments consacré… à la détente sont trop nombreux. • Mal chaussé…, mal habillé…, mal nourri…, les soldats de la République ont parcouru l'Europe. • Voilà une leçon bien compris… ! • Enlevé… par l'hélicoptère, les malades sont transportés à l'hôpital.

CONJUGAISON

L'imparfait des verbes être et avoir

Les nuits du docteur M. (3)

La transformation fut subite, foudroyante. Le docteur M. avait chaud, il était en sueur. Il retira sa blouse blanche, arracha son nœud papillon et perdit l'équilibre. Déjà, les flacons étaient à terre. Le corps secoué de hoquets, le docteur M. avait un fou rire géant ! Plus il tentait de se contrôler, plus le rire redoublait. Les murs du laboratoire avaient l'air de trembler sous l'effet de ce rire. Soudain, il aperçut dans un coin de la pièce des piqûres et des médicaments. À cet instant, le rire stoppa net.

1. *Quel est l'infinitif des verbes soulignés ?*
2. *D'après leur terminaison, à quel temps ces verbes sont-ils conjugués ?*

être				avoir			
j'	ét**ais**	nous	ét**ions**	j'	av**ais**	nous	av**ions**
tu	ét**ais**	vous	ét**iez**	tu	av**ais**	vous	av**iez**
il/elle	ét**ait**	ils/elles	ét**aient**	il/elle	av**ait**	ils/elles	av**aient**

À **l'imparfait**, les terminaisons des verbes **être** et **avoir** sont les mêmes que celles des autres verbes.

1* ***Conjugue à l'imparfait :***
être sur la plage et avoir trop chaud.

2* ***Mets ces phrases à l'imparfait.***

• Le seigneur a une grande meute de chiens.
• Deux mulets sont porteurs, l'un de sacs d'avoine, l'autre de sacs d'argent. Le deuxième mulet est très fier d'avoir une charge aussi précieuse. • Les serfs ont beaucoup de peine à survivre pendant les périodes de disette. • Vous n'êtes pas indifférent à la pauvreté.

3* ***Complète avec le verbe être ou le verbe avoir à l'imparfait.***

La grenouille sauta à l'intérieur du terrier et se dirigea vers l'endroit où … cachée la chenille. La chenille, qui l'entendait venir, … morte de peur.
« Épargne-moi, Grenouille, je n'… pas l'intention de te porter tort. »
Tous les animaux présents virent que la chenille … de bonne foi et se mirent à rire. La grenouille comprit alors qu'elle n'… plus qu'à pardonner et, pendant très longtemps, la forêt s'amusa fort de cette histoire.

4** ***Complète avec le verbe être ou le verbe avoir à l'imparfait.***

• Tu … chez toi et tu … des livres à lire.
• Il … en retard et il n' … pas d'excuses.
• Vous … en colère et vous … tort.
• Les enfants … sur le toit et ils … le vertige.
• Mes cousins … réunis et … l'air contents.

5** ***Complète avec le verbe être.***

Personnes	Présent	Futur	Passé composé	Imparfait
ils	....	....	....	....
nous	....	....	....	....
tu	....	....	....	....

6** ***Complète avec le verbe avoir.***

Personnes	Présent	Futur	Passé composé	Imparfait
je	....	....	....	....
elle	....	....	....	....
vous	....	....	....	....

VOCABULAIRE

Les homonymes (2)

Les nuits du docteur M. (4)

« Comment ai-je pu ? murmura-il. Comment ai-je pu utiliser ces engins de torture ? Même lorsque les pauvres enfants pleuraient, je n'hésitais pas à leur piquer les fesses ! Je leur faisais avaler des potions dégoûtantes ! »
Puis son regard se posa sur une photo de lui, accrochée au mur, et de nouveau il eut envie de rire.
« Malheureux docteur M. ! se moqua-t-il. Docteur la Maigreur ! Que tu es laid ! Tu flottes dans ta blouse blanche ! Toute ta vie tu as été au régime et tu as ordonné des régimes !
Mais les friandises sont les mets du paradis ! Et l'Appétit, c'est la vie ! (…)
Désormais, je me nomme monsieur R. ! R comme « Rire » !

1. *Trouve un homonyme de mur et de mets.*
2. *Trouve deux homonymes de laid.*

1* ***Complète avec les homonymes :***
port - pore - porc.

- Il a dû payer le … de cette lettre.
- Il a entrepris l'élevage d'un …
- Le navire est arrivé au … avant la nuit.
- Un petit trou qui permet à la peau de respirer s'appelle un …

2* ***Recopie ces phrases en choisissant parmi les homonymes le mot qui convient.***

- Il dort … le jour. Cet enfant a une bronchite, ce sirop fera passer sa … . (*toux*, *tout*)
- Le jardinier bêche la terre avec sa … . Marie … toujours ses fruits avant de les manger. (*pelle*, *pèle*)
- Avec la chaleur, l'… est pollué. Toute la journée, il … sans but. (*erre*, *air*)
- On soigne l'… de cette mésange. … pourra bientôt s'envoler. (*elle*, *aile*)

3** ***Qui suis-je ?***

- Je suis un homonyme du verbe *croire* à la troisième personne du singulier au présent. On me représente en rouge dans les services santé, en vert devant les pharmacies. Je suis la … .
- Homonyme d'un fruit d'automne ; située au creux de la main, je suis la … .
- Je me prononce comme ce qui recouvre mon corps. On m'utilise souvent pour mettre des fleurs, je suis le … .
- Homonyme de ce qui recouvre la plupart des mammifères ; ustensile de cuisine utile pour faire cuire les crêpes, je suis la … .

4** ***Complète la grille.***

Horizontalement
1. Verbe coudre à la troisième personne du singulier au présent.
2. Contraire de long.
3. Responsable d'une ville.
4. Maman.

Verticalement
A. Choc que l'on donne.
B. Partie du corps.
C. Nom d'une chasse avec chevaux et chiens.
D. Vaste étendue d'eau
E. Synonyme de leçon.

VERS L'ÉCRIT

Finir une histoire

Voici deux fins possibles à l'histoire Les nuits du docteur M.

1 Comment monsieur R. pourrait-il recevoir les patients du docteur M. ? Monsieur R. devait redevenir docteur M. ! Face au miroir, il essaya maintes grimaces pour se débarrasser de son sourire. Impossible ! Le sourire était figé sur ses lèvres. Il ne restait plus qu'une solution : l'antidote ! Vite ! Monsieur R. se précipita sur les flacons qui gisaient à terre… « S.O.S. » ! Heureusement la fiole était intacte. Angoissé, il hésita : l'antidote allait-il fonctionner ? (…) Le résultat fut immédiat, il retrouva son allure sévère et le lendemain il reprit ses activités en oubliant ce moment de folie.

D'après Sarah Cohen-Scali, « Les nuits du docteur M. » dans *Tête de lune*, « Cascade contes », Rageot Éditeur.

2 Alors monsieur R. décida de changer de métier. En souvenir de sa première expérience nocturne, il voulut travailler la nuit.
Le métier fut vite trouvé : boulanger. Car les boulangers se lèvent tôt le matin… ou tard dans la nuit.
Et monsieur R. utilisa ses dons d'ancien savant pour inventer des recettes de petits pains dont lui seul avait le secret : des petits pains… en vrac !

1. Quelle fin préfères-tu ? Pourquoi ?
2. À ton avis quelle est la véritable fin écrite par l'auteur ? Pourquoi ?

Pour chaque histoire, on peut imaginer plusieurs fins possibles, mais le lecteur doit comprendre clairement que le récit est terminé.

1* Copie seulement les phrases qui pourraient terminer une histoire.

● Le corbeau, honteux et confus, jura mais un peu tard qu'on ne l'y prendrait plus. ● Le crocodile se regarda dans la glace. ● Le renard s'en alla et ne revint plus jamais. ● Et c'est depuis ce temps que la mer est salée. ● Le perroquet vert ouvrit la porte et dit : ● Depuis ce jour, le perroquet et le vieil homme sont inséparables.

2 Complète ces textes par une ou deux phrases pour terminer l'histoire.**

● Première neige. Le goéland s'envola. Bientôt on aperçut une plume, puis deux, cinq, trente, trente mille. La montagne se recouvrit de plumes de goéland…
● Le phoque blanc. Depuis ce jour, les phoques racontent à leurs petits comment … .
● Le renard malin. Depuis ce temps, le renard, enfermé dans la cage d'un zoo, se dit derrière ses barreaux : « …

3 Imagine une fin à cette bande dessinée.** ▶

4 *Imagine une fin à l'histoire* Drôle de maîtresse *pages 8 à 10. Voici quelques idées :***

● Le robot réparé fait très bien la classe et tous les enfants deviennent d'excellents élèves.
● Le robot se détraque un peu plus et les enfants s'amusent beaucoup.
● La vraie maîtresse revient et retrouve ses élèves.

GRAMMAIRE

L'accord de l'adjectif : masculin ou féminin

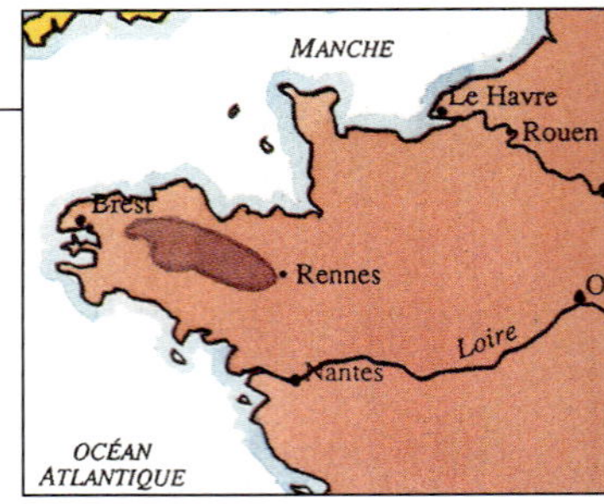

Pourquoi la mer est salée (1)

En ce temps-là, l'océan baignait déjà les côtes de Bretagne mais l'eau de la mer était douce : c'était bien pratique pour donner à boire aux vaches, aux chevaux, et pour arroser la terre en période de sécheresse. À cette époque lointaine vivait un homme qui avait deux fils. Le premier n'était pas méchant, mais il avait eu le malheur de naître la bouche ouverte et toute son intelligence en avait profité pour s'envoler. Il s'appelait Sylvestre, et il était benêt*. Gourgon, son deuxième fils, avait eu la bonne idée de fermer la bouche en venant au monde, si bien que l'on pouvait lui prédire du bon sens.
Cette année-là, il y eut une grande sécheresse et un vent violent si bien que la misère s'abattit sur le pauvre monde. Notre homme, désespéré, se décida à aller demander secours à l'une de ses cousines qui était fée.

* Benêt : garçon niais, nigaud.

1. Une grande sécheresse. *Copie ce GN en remplaçant* sécheresse *par* vent. *Quel changement subit l'adjectif ?*

2. *Quel est le genre des adjectifs soulignés ? Pourquoi ?*

■ **L'adjectif qualificatif prend le genre du nom** auquel il se rapporte :
– Si le nom est masculin, l'adjectif se met au masculin : *un grand garçon*.
– Si le nom est féminin, l'adjectif se met au féminin : *une grande fille*.

■ On forme, en général, le féminin des adjectifs en ajoutant un **-e** au masculin :
réputé → réputée *grand → grande*

■ Il existe de très nombreux cas particuliers :
bon → bonne *premier → première* *furieux → furieuse* *pauvre → pauvre*
vif → vive *neuf → neuve*

1* ***Souligne les adjectifs de ce texte et indique leur genre.***

Iko a toujours admiré le héron blanc, si beau, si fort, si magnifique. Ce splendide oiseau a besoin de lui pour vaincre le dangereux serpent noir ! Iko prend sa fidèle épée, s'approche de la vilaine bête, vise la tête hargneuse et la touche.

2* ***Remplace le nom masculin par un nom féminin et accorde l'adjectif :***

*un arbre fendu → une bûche fendu***e**.

un homme gai - un couloir obscur - un élève entêté - un château délabré - un ami loyal.

3** ***Même consigne.***

un tissu épais - un brouillard léger - un châle violet - un lion courageux - un ami discret - un ton vif - un garçon mineur - un vieux livre.

4** ***Complète les adjectifs suivants.***

• Une belle buse* brun…, puissant…, fièr… et majestueu… fit son nid au sommet d'un chêne tandis qu'une vieil… louve gris…, fort… et audacieu… établissait sa demeure à son pied.

* Buse : grand oiseau rapace.

5** ***Écris dans le tableau les constituants indiqués.***

Déterminants		Noms		Adjectifs	
masculins	féminins	masculins	féminins	masculins	féminins
....	....	....	....	....	....

• Ma sœur l'a vu passer à une vitesse effrayante. • Son oncle s'est arrêté près d'un kiosque. • La jolie fleur a été coupée par le vieux jardinier. • J'ai mis mon crayon bleu dans ma nouvelle trousse. • Donnez-moi ce beau gâteau et cette belle tarte.

ORTHOGRAPHE

Le son [s]

soleil, saucisse, notice, piscine, calvitie

Pourquoi la mer est salée (2)

« Bon, dit-elle, je vais t'aider ! » Elle fouilla dans son bric-à-brac et finit par en sortir un moulin à café tout poussiéreux.
« Il est magique ! Il suffit de dire : *"Mal'ta meill[1] !"* et le moulin se met à tourner seul pour réaliser le moindre désir. Une fois le vœu satisfait, il faut dire : *"Harz ar penn hag an dibenn[2]"* et le moulin s'arrêtera.
Souviens-toi bien de ces paroles, c'est important. »
Gourgon apprit de son père le secret du moulin mais comme c'était un sage et qu'il savait se contenter de peu, il ne songea pas à l'utiliser. L'instrument reposait donc sur l'étagère au-dessus de la cheminée.
« À quoi sert cet outil ? » demanda un jour Sylvestre le benêt.
Le père commit l'imprudence de lui raconter l'histoire.

1. « Mouds, moulin ! » en breton.
2. « Arrête le commencement et la fin » en breton.

• *Relève tous les mots contenant le son [s] et entoure les différentes écritures de ce son.*

Le son [s] peut s'écrire :
- **s** → *son, satisfait, cactus*
- **ss** → entre deux voyelles : *poussiéreux, passer*
- **c** → devant **e**, **i**, **y** : *lancement* ou **ç** devant **a**, **o**, **u** : *leçon*
- **sc** → *piscine, science*
- **t** → devant **i** : *impatient, addition, démocratie*

⚠ La combinaison [ks] peut s'écrire : **-cc** → *vaccin* **-xc** → *excellent* **-x** → *axe* **-cs** → *tocsin*

1* ***Classe ces mots dans le tableau.***

Le son [s] s'écrit					
s	ss	c	ç	t	sc
....	....	....	....	....	....

piscine - acrobatie - hameçon - lacet - essayer - salade - cédille - addition - sonnette - glissade - commerçant - descendre - gerçure - sardine.

2* ***Complète par c ou ç.***

• L'épicier vend des su...ettes. • Cet homme a l'accent proven...al. • Les lima...es ont mangé les salades. • Les voitures fran...aises sont de bonne qualité. • Le pêcheur met un ver à son hame...on.

3* ***Conjugue avec nous. Attention à la cédille :***

Elle rince le linge → Nous rinçons le linge.

• Le vitrier remplace un carreau. • Le mécanicien perce une tôle. • Les cantonniers défoncent la route. • Arthur pince sa petite voisine. • Le dessinateur trace un trait. • On commence son travail.

4** ***Écris correctement le son [s] dans ces mots.***

• Caroline se baigne dans la pi…ine. • On coupe les planches avec une …ie. • Les coureurs de…endent la côte en roue libre. • Grand-mère e…uie souvent ses lunettes. • Un élève con…ien…ieux fait bien son travail. • Les alpinistes font l'a…en…ion du mont Blanc. • Il sait sa le…on et ses tables d'addi…ion.

CONJUGAISON

Le présent des verbes en -dre et des verbes dire et faire

Pourquoi la mer est salée (3)

Dès le lendemain, alors qu'il était seul à la maison, Sylvestre prit le moulin.

« Je boirais bien un bol de lait, pensa-t-il. Je dis la formule et toi moulin, tu fais ton travail : *"Mal'ta meill" !* »

Du lait, il en eut son content et même davantage. Le pauvre garçon en effet ne se souvenait plus de la formule pour arrêter le moulin… Le lait déborda de la bassine, se répandit sur le sol et commença à emplir la pièce. Heureusement, Gourdon revenait de la pêche.

« *"Harz ar penn hag an dibenn"*, cria-t-il, et toi, tu ne prends plus le moulin. » Tout rentra alors dans l'ordre.

1. Quel est l'infinitif des verbes soulignés ? À quel groupe appartiennent-ils ?

2. Essaie de les conjuguer oralement, au présent, à toutes les personnes.

La plupart des verbes en **-dre** se conjuguent au présent comme **vendre**.
Ils conservent le **-d** à toutes les personnes :

	vendre		**prendre**		**dire**		**faire**
je	ven**ds**	je	pren**ds**	je	dis	je	fais
tu	ven**ds**	tu	pren**ds**	tu	dis	tu	fais
il/elle	ven**d**	il/elle	pren**d**	il/elle	dit	il/elle	fait
nous	vendons	nous	prenons	nous	disons	nous	faisons
vous	vendez	vous	prenez	vous	dites	vous	faites
ils/elles	vendent	ils/elles	prennent	ils/elles	disent	ils/elles	font

⚠ **prendre, apprendre, comprendre...** se conjuguent comme prendre.

1* *Conjugue les verbes au présent.*

• Il lui *répondre* gentiment. • Je *descendre* l'escalier. • *Entendre*-tu le tonnerre ? • Ce chien *mordre* les passants. • Tu *moudre* du café. • Je *perdre* au jeu. • Nous ne *comprendre* rien à cet exercice. • Vous *répandre* de l'eau sur le carrelage. • La neige *fondre*.

2** *Conjugue ces expressions au présent, aux personnes indiquées.*

• *Faire* les quatre cents coups. (Vous) • Ne rien *faire*. (Tu) • *Faire* une erreur. (Nous) • Faire contre mauvaise fortune bon cœur. (Ils) • N'en *faire* qu'à sa tête. (Il) • Ne pas s'en *faire*. (Je).

3** *Conjugue ces expressions au présent, aux personnes indiquées.*

• *Dire* des bêtises. (Tu) • *Dire* la vérité. (Vous) • Ne pas *dire* ce qu'on pense. (Elle) • *Dire* des poèmes. (Ils) • *Ne pas dire* du mal des gens. (Vous) • *Dire* les choses en peu de mots. (Nous) • Ne *dire* mot. (Je) • En *dire* long. (Son regard).

4** *Complète avec les verbes au présent.*

• Je te *défendre* de sortir. • Il lui *prendre* le gâteau des mains. • Je vous *dire* que c'est vrai ! • L'ébéniste *faire* un meuble. • Vous *faire* une drôle de tête. • Elle *dire* qu'elle a mal. • *Entendre*-tu le tonnerre qui gronde au loin ? • Ils *apprendre* leurs leçons à l'étude.

VOCABULAIRE

Les mots composés

Pourquoi la mer est salée (4)

Quelques jours plus tard, un après-midi, Sylvestre eut très envie de confiture, de confiture de fraises de préférence, comme seul en mangeait le seigneur tout-puissant.
« Allez mon petit moulin, de la confiture : *"Mal'ta meill !"* »
Cette fois, il avait eu la prudence de s'installer dans le jardin. Tandis qu'il se léchait les babines, la confiture continuait de se répandre, envahissant les parterres, comblant les ruisseaux…
« *"Harz ar prenn hag an dibrenn"* », se dépêcha-t-il de prononcer dans un va-et-vient nerveux pour retrouver la bonne formule, mais, hélas, le moulin moulinait toujours.
Gourgon une fois encore arriva à temps, alors qu'un flot de confiture commençait à submerger les collines.

1. Quelle remarque peux-tu faire à propos des mots soulignés ?
2. À quelle classe appartiennent le premier et le dernier mot de va-et-vient ?

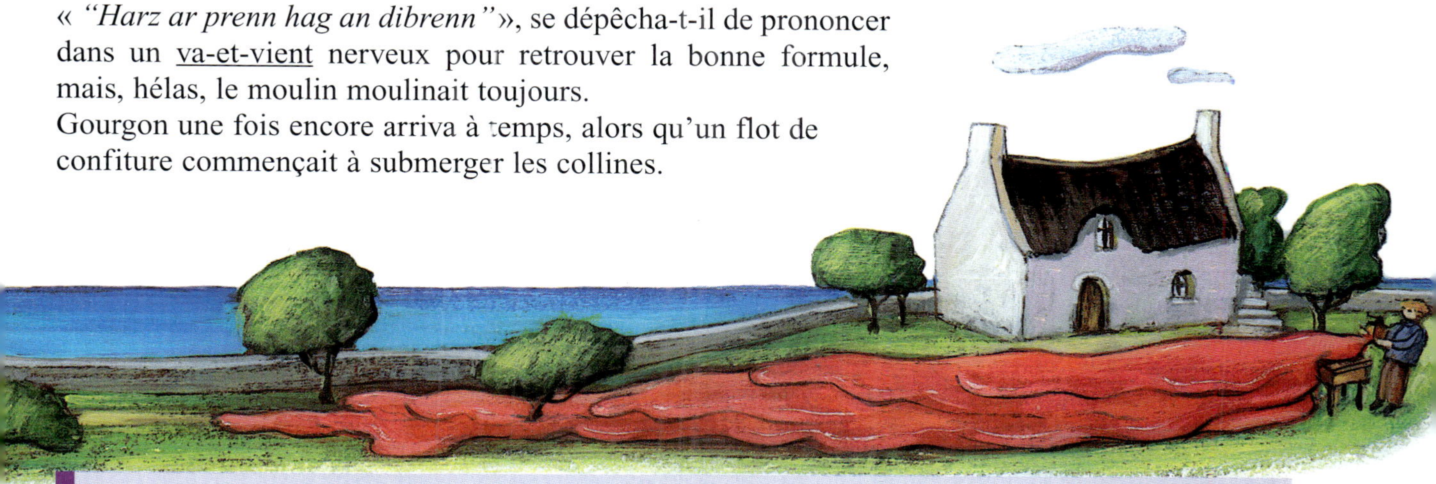

Quand on assemble deux mots simples pour former un mot nouveau, on obtient **un mot composé**. Ces mots peuvent être reliés ou non par un trait d'union.

Composition	Exemples	Signification
nom + nom	*une pause-café*	une pause pour prendre le café
nom + verbe	*une machine à laver*	une machine qui sert à laver
adjectif + nom	*une arrière-saison*	la fin d'une saison
verbe + verbe	*un va-et-vient*	des allées et venues

1* *Classe les mots composés dans le tableau.*

nom + nom	adjectif + nom	adjectif + adjectif
…………………………	…………………………	…………………………

rouge-gorge - chef-cuisinier - clair-obscur - aigre-doux - Fête-Dieu - rond-point.

2* *Relie les étiquettes pour former quatre mots composés.*

timbre chef pigeon chou
lieu fleur voyageur poste

3* *Complète ces mots composés.*

- un pot-au-…
- du coq-à-…
- un tête-à-…
- un corps-à-…

4 *Complète pour faire des noms composés. Précise l'infinitif de chaque verbe.***

un abat-jour (abattre)

- un coupe-… - un porte-… - un vide-…
- un chasse-… - un ouvre-… - un tire-…

5 *Trouve les noms composés.***

- Légumes servant à faire les frites : une …
- Partie d'une ferme où l'on élève la volaille : la …
- Partie de la journée depuis midi jusqu'au soir : l'…

6 *Certains noms composés sont soudés, comme portefeuille* (porte/feuille). *Relève les noms de cette liste qui sont des noms composés.***

autoroute - gendarme - lieutenant - fenêtre - montagne - bonhomme - gentilhomme - chiendent.

Vers le résumé

Pourquoi la mer est salée (5)

Sylvestre aurait dû s'arrêter là, mais il manquait de jugeote. Une troisième fois, il s'empara donc du moulin, et pour éviter toute catastrophe, il prit le bateau de la famille et gagna la haute mer.

« Ici au moins je serai tranquille, pensa-t-il. En plus maintenant, je connais la formule. Bon, que lui demander ? Pourquoi pas du sel ? »

À l'époque, le sel était une denrée rare et chère.

« Je vais me constituer une petite fortune, pensa notre benêt. Allez moulin, du sel s'il te plaît : *"Mal'ta meill !"* »

Le moulin se mit en branle, crachant du sel, si bien que la barque en fut bientôt pleine.

« Arrête moulin ! *"Harz a lenn hag an dilenn"*… *"Harz ardilenn"*… *"A lenn"*… »

Hélas, ce n'était pas encore les bonnes paroles. Bientôt surchargée, la barque coula, et Sylvestre n'eut que le temps de regagner le rivage à la nage. Le moulin tournoya jusqu'au fond de la mer et, depuis ce jour, il continue de moudre, de moudre sans fin. Si bien que la mer est salée !

D'après Yvon Mauffret, « Pourquoi la mer est salée » dans *L'Ogre des mers,* « Cascade contes », Rageot Éditeur.

Résumer une histoire, c'est la raconter de façon plus courte pour n'en dire que l'essentiel. Chercher un titre, pour chacune des parties d'un récit, aide à en trouver les éléments essentiels.

Sylvestre n'a jamais pu retenir la formule qui permet d'arrêter le moulin magique. Après plusieurs bêtises, il prend un bateau et veut moudre du sel. Impossible de stopper le moulin qui tombe à la mer et continue de cracher du sel. Si bien que la mer est salée.

1* *Donne un titre à cette présentation résumée de livre.*

Lorsque le rideau se lève sur l'actrice étendue à terre, un poignard dans le dos, le public croit que le meurtre fait partie de la mise en scène. Mais Mathilda a bel et bien été assassinée… L'inspecteur Germain mène l'enquête.

2* *Lis les textes ci-contre et indique s'ils annoncent un film ou un documentaire. Donne un titre à chaque présentation.*

3 *Écris en une phrase le texte annonce d'une émission documentaire sur un animal de ton choix.***

4 *Écris la présentation résumée d'un livre que tu as lu et que tu pourrais imprimer au dos de sa couverture.***

5 *Présente en quelques lignes un film que tu connais bien pour l'annoncer dans un magazine de télévision.***

De nombreux citadins font chaque jour les frais des nuisances causées par les pigeons. De plus en plus de mairies emploient des « dépigeonneurs » pour débarrasser leurs villes de ces volatiles indésirables.

Sur la côte Pacifique du Canada, des gardiens de phare se battent contre l'automatisation des phares décidée par le gouvernement en 1994.

Un prince scandinave vient à la cour du roi Arthur, en Angleterre, demander de l'aide. Mais c'est un complot qui l'attend…

Un jeune mousse embarqué sur un baleinier affronte des trafiquants d'esclaves et doit sauver son capitaine de la noyade.

Évaluation 4

1. Sais-tu former le féminin des noms ?

Écris ces noms au féminin.

un lecteur - un chanteur - un professeur - un héros - un Parisien - un témoin - un accordéoniste - un abonné - un boucher - un neveu.

2. Sais-tu former le pluriel des noms ?

Écris ces noms au pluriel.

le marteau - un clou - un feu - un chou - un mât - un végétal - le portail - un cheval - le travail - le bal.

3. Sais-tu reconnaître l'adjectif qualificatif ?

Écris les adjectifs qualificatifs de ces phrases.

● De grands arbres bordent une profonde rivière. ● Des insectes minuscules s'agitent autour de l'ampoule lumineuse. ● Ce récipient bizarre est utilisé dans un laboratoire.

4. Sais-tu écrire les sons [p] et [b] ?

***Complète par les sons* [p] *et* [b].**

● Dans ce tournoi, deux seigneurs ont com…attu à l'é…ée.
● L'a…é est a…sent de son a…artement.

5. Sais-tu mettre un h- en début de mot quand il le faut ?

Copie les cinq mots qui débutent par h-.

la …ache - l'…arrêt - l'…ôtel - la …auteur - l'…âne - l'…accident - l'…istoire - l'…armoire - l'…accordéon - le …anneton - l'…occasion.

6. Sais-tu écrire le son [f] ?

***Complète en écrivant le son* [f].**

● La gira…e fait un e…ort pour attraper une tou…e de feuilles en haut de l'arbre. ● Il n'y a aucune faute d'orthogra…e dans le paragra…e que j'ai écrit.

7. Sais-tu écrire le son [s] ?

***Complète en écrivant le son* [s].**

l'o…éan - la …alade - une fa…ade - une impa…e - l'addi…ion.

8. Sais-tu accorder le participe passé ?

Accorde les participes passés sans auxiliaire.

● Le temps *passer* ● Ces régions *habiter* sont riches ● La clé *rouiller* est sous le paillasson. ● Le bateau *engloutir* par la mer n'est plus visible. ● Les acteurs *farder* apparaissent sur la scène.

9. Sais-tu conjuguer l'imparfait des verbes voir, aller et venir ?

Écris à l'imparfait.

● Vous *voir* le soleil se lever. ● Elles *aller* à la plage dès le matin. ● Les mouettes *venir* se poser près de nous. ● Nous *aller* bien, merci !
● *Voir*-tu cette voile, à l'horizon ?

Évaluation 4

10. Sais-tu conjuguer à l'imparfait ?

Écris à l'imparfait.

● Tu *bavarder* et *chahuter* sans cesse. ● Le vent *fraîchir* à la tombée du jour. ● Ma mère *rapiécer* les vieux vêtements. ● Tu *arranger* les jouets hors d'usage. ● Vous *être* heureux parce qu'il *avoir* retrouvé son vélo. ● Tu *prendre* un air heureux. ● Nous *faire* de bonnes parties. ● Nous *dire* toujours la même chose.

11. Sais-tu trouver des contraires ?

Trouve un contraire pour chacun des mots.

laid - nuit - début - proche - dehors.

12. Sais-tu trouver des homonymes ?

Trouve les homonymes de ces mots et emploie-les dans une phrase.

ancre - haut - sans - pin - laid.

13. Sais-tu former des mots composés ?

Forme des noms composés en utilisant un mot de chaque groupe.

rouge - timbre - rond - porte - après

midi - avions - poste - gorge - point

fais ton évaluation

	Je corrige chaque exercice	Je colorie le nombre de bonnes réponses 1	2	3	4	5	Si j'ai moins de 3 cases coloriées, je fais les exercices de révision p. 123-124
GRAMMAIRE	1. Former le féminin des noms						1
	2. Former le pluriel des noms						2
	3. Reconnaître l'adjectif qualificatif						3
ORTHOGRAPHE	4. Écrire les sons [p] et [b]						4
	5. Mettre un h- en début de mot						5
	6. Écrire les sons [f]						6
	7. Écrire les sons [s]						7
	8. Accorder le participe passé						8
CONJUGAISON	9. Conjuguer à l'imparfait voir, aller et venir						9
	10. Conjuguer à l'imparfait						10, 11 et 12
VOCABULAIRE	12. Trouver des contraires						13
	13. Trouver des homonymes						14
	14. Former des mots composés						15

Révision 4

1

Quel nom féminin correspond à chaque nom masculin ?

un acteur - un paresseux - un paysan - un spectateur - un crémier - un vendeur - un ouvrier - un duc - un chien - un chat.

2

Écris ces noms au pluriel.

le noisetier - une plume - un caniveau - la coiffeuse - un bambou - un genou - un jeu - un canal - un épouvantail - un pneu - un vitrail.

3

Relève les adjectifs qualificatifs accompagnés du nom auquel ils se rapportent.

Le papier de cette lettre est une feuille blanche ordinaire. Un peu comme le papier qu'on vend en petits blocs dans les Monoprix. L'écriture est formée de grosses lettres majuscules, un peu maladroites.

4

***Complète par* p, pp, b *ou* bb.**

● Monsieur l'a…é ha…ite dans un pres…ytère. ● Le dompteur a a…rivoisé un jeune lion. ● Les enfants a…laudissent le spectacle. ● Martin a…erçoit une mouette dans le ciel. ● On a dû a…attre le vieux cerisier.

5

Copie en complétant par* e *(ou* é*),* he *(*h *ou* hé*).

● Le marchand de journaux a mis l'…bdomadaire à l'…talage. ● L'…licoptère déposa l'…quilibriste sur l'…strade. ● L'…léphant franchit à toute allure l'…tang boueux. ● Les jardins de Charlotte et d'Henri sont séparés par une …aie.

6

***Complète par* f, ff *ou* ph.**

● À la fin de la leçon, nous a…ichons nos dessins et nous e…açons le tableau. ● À la …armacie, j'achète du sirop a…in de calmer ma toux. ● L'orthogra…e française est di…ic le. ● Le serveur a cassé une cara…e.

7

***Complète par le son* [s]**

● Mon chien n' a pas de pu…es. ● Pour réussir, il faut parfois de l'auda…e. ● La cour…e a été gâchée par un accident grave. ● Pour travailler en groupe, il faut un peu de di…ipline ● Dans une démocra…ie, c'est le peuple qui prend les décisions.

Révision 4

8

Accorde les participes passés.

● Nous escaladons une montagne *élever.* ● À cette heure tardive, on voit des passants *presser.* ● Je ramasse des oisillons *tomber* du nid. ● La roue de son vélo *changer,* il repartit rapidement.

9

Écris à l'imparfait.

● *Voir*-vous ces montagnes à l'horizon ? ● Un ULM *venir* de se poser dans la prairie. ● Nous *aller* avoir une panne.

10

Écris à l'imparfait.

● Dans ce village, les choses et les gens *vieillir* doucement. ● Vous *soigner* les malades avec dévouement. ● Les premiers coureurs *distancer* leurs poursuivants. ● Je *manger* mon goûter avec appétit. ● Nous *finir* par avoir froid. ● J'*être* dans le noir et j'*avoir* peur.

11

Écris à l'imparfait.

● Nous *tracer* un cercle. ● Les sauveteurs *dégager* la route. ● L'avalanche *ravager* la vallée. ● Le jour *commencer* à se lever. ● Je *corriger* mon texte. ● Vous *longer* la piste. ● Tu *lancer* le ballon. ● L'ours *avancer* en direction du troupeau.

12

Complète le tableau.

verbe	personne	présent	imparfait
avancer	j'	....	....
ranger	tu	....	....
saisir	nous	....	....
voltiger	il	....	....
commencer	elles	....	....

13

Remplace par un contraire les mots en italique.

● Elle *montait* la rue en portant une valise qui paraissait *lourde*. ● Nous *avancions* d'une voix *joyeuse*. ● Le train *arrivait* avec *rapidité*.

14

Complète avec les homonymes suivants.
coût - coup - cou - coud.

Cette nouvelle lui a porté un … très dur.
Maman … le bas de mon pantalon.
Quel est le … de cet ordinateur ?
La girafe a un très long … .

15

Trouve les noms composés, formés avec demi.

- Place payée à moitié prix : *une place à demi …*
- Épreuve sportive servant à désigner les finalistes : …
- Moitié d'un litre : …
- Saison intermédiaire (printemps ou automne) : …

LUCIEN!
VOILÀ! VOILÀ! LE CHEVALIER LUCIEN ARRIVE À VOTRE SECOURS!

Période 5

GRAMMAIRE

L'accord de l'adjectif : singulier ou pluriel

La guerre des singes (1)

Sur les rives verdoyantes d'un grand fleuve qui se faufilait à travers la forêt vierge comme un serpent gigantesque, vivaient deux tribus de singes. Deux tribus ennemies. D'un côté vivaient les singes blancs, de l'autre les singes noirs. <u>Les singes blancs</u> se méfiaient des singes noirs, parce qu'ils les trouvaient trop noirs. Et les singes noirs se méfiaient des singes blancs, parce qu'ils les trouvaient trop blancs. (...) Chaque tribu avait un espion : <u>un perroquet multicolore</u>, un cacatoès qui épiait le groupe adverse du haut d'un grand arbre. Chaque nuit, les deux cacatoès faisaient leur rapport. Ils étaient très fiers d'être des espions. Ils n'imaginaient pas plus beau métier.

1. Recopie le premier GN souligné en mettant <u>singe</u> au singulier.
Quelle modification dois-tu apporter à l'adjectif ?

2. Recopie le second GN souligné en mettant <u>perroquet</u> au pluriel.
Quelle modification dois-tu apporter à l'adjectif ?

- L'**adjectif qualificatif prend le nombre du nom** auquel il se rapporte :
  – si le nom est singulier, l'adjectif se met au singulier : *un singe blanc* ;
  – si le nom est pluriel, l'adjectif se met au pluriel : *des singes blancs*.
- On forme en général le pluriel des adjectifs en ajoutant un **-s**.
- Les adjectifs en **-eau** prennent un **-x** au pluriel : *un beau chien → des beaux chiens*.
- Les adjectifs en **-al** forment leur pluriel en **-aux** : *un ami loyal → des amis loyaux*.
  ⚠ Quelques adjectifs en **-al** prennent un **-s** au pluriel : *bancal, final, glacial, natal, naval,* etc.

1* ***Classe dans le tableau.***

nom + adj. singulier	nom + adj. pluriel
....	....

Il y avait une fois trois jeunes ours qui vivaient ensemble. L'un d'entre eux était un petit ours ; le second était un ours de taille moyenne et le troisième était un gros ours. Tous les trois étaient des ours bourrus mais hospitaliers. Un beau jour, une jolie petite fille nommée Boucle d'Or entra dans leur maison…

2** ***Écris ces GN au pluriel.***

la fenêtre ouverte - un oiseau chanteur - un livre original - un geste amical - un bal animé - le journal quotidien - une abeille travailleuse - le portail grinçant - un frère jumeau - un travail fastidieux.

3** ***Complète le tableau.***

Pour former le pluriel de ces adjectifs			
aucun changement	-s	-x	-aux
....	....	....	....

heureux - bleu - beau - brutal - nouveau - agréable - tropical - blanc - gris - belle - grosse - peureuse - bancal - glacial - doux - frais - mou - expansif.

4** ***Complète ces phrases avec des adjectifs.***

- Des voitures … circulent sur l'autoroute.
- Les chevaux … ont pris le départ pour la course.
- En haut des clochers, on voit de … croix.
- Les demoiselles mettent leurs … bijoux.
- Pour connaître les nouvelles de la région, il faut lire les journaux … .
- Ce pommier produit des pommes … .

ORTHOGRAPHE

L'accord du participe passé employé avec être

La guerre des singes (2)

C'est ainsi qu'un soir, le perroquet des singes blancs est arrivé en poussant des cris perçants :
– Attention ! Attention ! Les singes noirs sont partis ramasser des pierres !
Les singes blancs s'inquiétèrent. Pourquoi les singes noirs ramassaient-ils des pierres ? (...)
Le chef des singes blancs se gratta la tête, perplexe.
– Et s'ils désiraient déclarer la guerre ? Ce serait extrêmement grave ! Il faut que nous ramassions des pierres nous aussi !
Aussitôt, il dit à dix singes blancs :
– Dorénavant vous êtes chargés de récolter des pierres. Ainsi, nous serons en mesure de nous défendre !

1. Quel est l'infinitif des verbes soulignés ?
2. À quel temps sont-ils conjugués ? À l'aide de quel auxiliaire ?
3. Avec quel mot les participes passés s'accordent-ils ?

Le participe passé conjugué avec l'auxiliaire **être s'accorde en genre et en nombre avec le sujet** du verbe :

Le singe blanc (sujet) *est parti.* (participe passé) *Les singes blancs* (sujet) *sont partis.* (participe passé)

1* *Accorde le participe passé.*
- Ces meubles de jardin sont bien *faire*.
- Des faits graves sont *reprocher* à l'accusé.
- On est heureux lorsque toute la famille est *réunir*.
- L'Amérique a été *découvrir* par Christophe Colomb.
- Le trésor est *cacher* dans une grotte.

2* *Même consigne.*
- Les rues sont *balayer* dès six heures du matin. • Cette maison est *couvrir* d'ardcises. • Le tourisme en Italie est très *développer*. • Les pièces défectueuses ont été *remplacer* en quelques minutes. • Dans sa chute, cet enfant a été *meurtrir*.

3 *Complète avec des sujets. Attention à l'accord des participes passés.***
- ... sont chargés de distribuer les cahiers. • ... est revenue de la campagne. • ... est composée d'une planche et de quatre pieds. • ... sont partis en classe de neige. • ... est attachée à une corde.

4 *Conjugue ces verbes au passé composé.***
- Tous les élèves *aller* en classe verte.
- Mireille *rester* à la maison.
- Elles *tomber* en descendant l'escalier.
- Les cavaliers *partir* sur leurs chevaux.
- Le paysage *demeurer* semblable à ce qu'il était il y a dix ans.

CONJUGAISON

L'imparfait des verbes en -dre et des verbes dire et faire

1. Quel est l'infinitif des verbes soulignés ?
2. À quel groupe appartiennent-ils ?
3. À quel temps sont-ils conjugués ?

La guerre des singes (3)

L'autre perroquet, espion des singes noirs, observait la scène de loin et disait le plus fort possible :
– Attention ! Attention ! Les singes blancs ramassent des pierres ! (...)
– Hum... Voilà qui est inquiétant ! grogna le chef des singes noirs. Mes singes à moi ont une bonne raison de ramasser des pierres : ils préparent le concours de lancer qui a lieu dimanche prochain. Mais que les singes blancs se mettent à en ramasser, ça, c'est grave ! Et si jamais ils voulaient la guerre ? et s'ils prenaient notre territoire ?
Aussitôt, il ordonna à quinze autres singes de se mettre immédiatement à ramasser des pierres, toute affaire cessante. Des deux côtés, les singes blancs et les singes noirs faisaient la même chose.

À **l'imparfait**, les terminaisons des verbes **dire**, **faire** et **prendre** sont les mêmes que celles des autres verbes.

dire	faire	prendre	rendre
je dis **ais**	je fais **ais**	je pren **ais**	je rend **ais**
nous dis **ions**	nous fais **ions**	nous pren **ions**	nous rend **ions**
ils/elles dis **aient**	ils/elles fais **aient**	ils/elles pren **aient**	ils/elles rend **aient**

1* *Écris les verbes à l'imparfait.*

• Vous *refaire* votre exercice. • La neige *fondre* et l'eau *descendre* dans les torrents. • Nous *suspendre* nos manteaux à un clou. • Les voyageurs *tendre* leur passeport à la police des frontières. • Je *fendre* du bois. • Tu *comprendre* rapidement les leçons.

2* *Même consigne.*

• Je vous le *dire* bien ! • Ils se *dire* qu'ils ne *risquer* pas grand-chose. • L'automobiliste *prendre* de l'essence tous les cinq cents kilomètres. • Dans cette plaine fertile, les agriculteurs *faire* surtout des céréales. • Pendant la conférence de presse, les journalistes *prendre* des notes. • Je vous *prendre* pour quelqu'un d'autre ! • Ces malades *confondre* le vert et le rouge.

3* *Même consigne.*

• Tu *prendre* un air triste. • Elles *apprendre* bien leurs leçons. • L'agent *étendre* le bras et l'on *entendre* son sifflet. • Des pommes *pendre* aux branches. • Je te *dire* que ce n'était pas vrai. • Nous *faire* les cent pas.

4 *Suivant le modèle, écris chaque verbe au présent puis à l'imparfait :***

À midi on entend / entendait la sirène.
• Nous *dire* bonjour à nos voisins.
• La caissière *rendre* la monnaie.
• Les grêlons *faire* des trous dans les feuilles.
• Tu *dire* toujours la vérité.
• Nous *défaire* les bagages.
• Elle *entreprendre* de grandes randonnées.

VOCABULAIRE

Le mot précis

La guerre des singes (4)

Le perroquet-espion des blancs remarqua leur manège et s'en alla à tire-d'aile faire son rapport. Lorsque les singes blancs apprirent qu'il y avait quinze nouveaux singes noirs occupés à recueillir des pierres, la panique les gagna. (…)
Sans cesse, jour et nuit, les singes des deux tribus recueillaient des pierres. Ils ne prenaient même pas le temps de manger. La langue pendante, ils traînaient des pierres jusqu'au rivage. De véritables montagnes ne tardèrent pas à s'élever de chaque côté. Les singes s'épuisaient de plus en plus, ils maigrissaient et devenaient d'une humeur massacrante. Lorsque, des deux côtés du fleuve, il n'y eut plus un seul caillou à recueillir à des lieues à la ronde, les chefs de tribus grimpèrent au sommet de leur monticule pour étudier la situation.

1. *L'auteur pourrait écrire à propos du perroquet :* « Il s'envola. » *Qu'a-t-il écrit à la place ? Que préfères-tu ? Pourquoi ?*
2. *Qu'indique le verbe traîner de plus précis que porter ?*

■ Certains mots sont souvent employés mais ils n'apportent pas beaucoup de précisions.On peut les remplacer par d'autres qui sont plus riches, plus expressifs.
s'envoler → s'en aller à tire-d'aile (rapidité) porter → traîner (lourdeur, fatigue)

■ Cela permet d'éviter parfois des répétitions.

1* ***Observe ces visages et attribue à chacun d'eux le nom qui caractérise le mieux son humeur.***

frayeur – gaieté – étonnement – colère.

2* ***Recopie ces phrases en remplaçant le verbe être par un verbe qui donne des précisions sur l'action.***

- Un oiseau est dans le ciel.
- Myriam est dans la bibliothèque.
- Une cerise est sur la branche.
- Mon chien est dans sa niche.
- Bébé est dans son berceau.

3* ***Complète ces phrases par un verbe précis qui pourrait remplacer voir.***

- Voir de près les détails, c'est …
- Voir un médecin, c'est …
- Voir un pays, c'est …
- Faire voir sa colère, c'est …

VERS L'ÉCRIT

Les dialogues dans le récit

La guerre des singes (5)

– Cela ne peut pas continuer ainsi ! cria le chef des singes noirs.
– Que proposes-tu ? demanda le chef des singes blancs.
– Débarrassons-nous de ces pierres !
– D'accord !
Ils décidèrent donc de jeter tous les cailloux dans le fleuve. Ainsi fut conclue la paix.
Cependant, les deux tribus eurent encore beaucoup de travail pour faire disparaître les projectiles. Lorsque, enfin, la dernière pierre se fut enfoncée dans l'eau, les singes blancs et les singes noirs s'assirent au bord du fleuve, à bout de forces, mais soulagés d'avoir évité la guerre.
C'est alors qu'un jeune singe demanda :
– Papa, pourquoi avons-nous fait cela ?

D'après Dimiter Inkiow, « La Guerre des singes » dans *Le Chameau volant*, « Cascade contes », Rageot-Hatier.

1. Quels personnages parlent dans ce récit ?
2. Par quels moyens l'auteur précise-t-il qui prend la parole ?

- Dans un récit, quand on veut faire parler des personnages, on utilise des dialogues. C'est une manière plus vivante de raconter. On a l'impression d'assister à la scène.
- Pour écrire des dialogues, on utilise des tirets et l'on va à la ligne dès qu'un nouveau personnage parle. On peut aussi se servir de guillemets pour marquer le début et la fin du dialogue.
- On précise qui parle grâce à des verbes comme « *déclara…, affirma…* ».
(…), cria le chef des singes noirs. *(…), demanda le chef des singes blancs.*

1* *Recopie ce texte en allant à la ligne quand il le faut et en ajoutant les tirets.*

En apercevant Harry, Charlie poussa un soupir de soulagement.
Harry, Dieu soit loué ! Vous allez pouvoir régler ce problème. De quoi s'agit-il ? On m'a volé mes valises. Quand cela s'est-il passé ? Il y a cinq minutes, près du guichet. Harry décida de tirer l'affaire au clair et de mener lui-même sa petite enquête.

2* *Écris sous forme de dialogue, les paroles des personnages de cette bande dessinée.*

3 *Transforme ce texte en utilisant des dialogues.***

Le match de foot venait de se terminer. Louis demanda à Lulu s'il pouvait faire des progrès. Marc fit remarquer qu'avec une boîte de cirage comme ballon, on ne pouvait pas devenir un champion. Louis déclara que pour faire de réels progrès, il faudrait un vrai ballon.

GRAMMAIRE

L'accord dans le GN

L'enfant protégé des fées (1)

Un jour, <u>une pauvre femme</u> mit au monde <u>un beau petit garçon</u>. <u>Un sorcier et un enchanteur réputés</u> se penchèrent sur son berceau et prédirent qu'il épouserait la fille du roi quand il aurait atteint sa quatorzième année.

Peu de temps après, le roi, sans se faire connaître, vint à passer dans le village. Il interrogea les gens comme il le faisait souvent et comme personne ne savait que c'était le roi, quand il demanda aux gens ce qu'il y avait de neuf, ils lui répondirent :

« Ces jours-ci, il nous est né un enfant coiffé ce qui est un grand signe de chance. Tout ce qu'un enfant de cette espèce entreprend réussit. D'ailleurs on lui a prédit qu'à l'âge de quatorze ans, il épouserait la fille du roi. »

1. De quels éléments sont constitués chacun des GN soulignés ? Indique le genre et le nombre de chaque élément.

2. Que remarques-tu de particulier au sujet du dernier GN souligné ?

■ Dans le GN, **le déterminant et l'adjectif qualificatif s'accordent en genre et en nombre avec le nom** :

une pauvre femme *un beau petit garçon*

■ Si l'adjectif se rapporte à **plusieurs noms**, il se met au **pluriel** :

un sorcier et un enchanteur réputés *une sorcière et une fée réputées*

⚠ *une fée et un enchanteur réputés* → Le masculin l'emporte.

1* *Accorde les GN en italique.*

● Dans la rue, on entend <u>des</u> *applaudissement joyeux*. ● L'école possède <u>les</u> *œuvre complet* de Victor Hugo. ● Le malade a rechuté après <u>une</u> *amélioration passager*. ● Ce bœuf a <u>des</u> *cuisse gros et nerveux*, <u>une</u> *croupe épais*, <u>des</u> *flanc large*.

2* *Ajoute les déterminants qui conviennent.*

Trois braves petits boucs

Il était … fois … braves petits boucs qui vivaient tous ensemble dans … montagne. Sur … versant où ils se trouvaient, il y avait peu à manger. Mais, juste en face, s'étendaient … beaux pâturages avec de … herbe verte. Pour aller … pâturages, ils devaient traverser … pont et, sous … pont, vivait … grand méchant croquemitaine. … jour, … petits boucs voulurent traverser … pont.

3* *Écris correctement les adjectifs.*

affreux	→ un chemin …	→ des routes …
nouveau	→ un fruit …	→ des pommes …
grand	→ un homme …	→ des femmes …
oral	→ un exercice …	→ des épreuves …

4 *Écris correctement les adjectifs.***

● Un bus et un métro *complet*.
● Une histoire et une anecdote *vrai*.
● Un sourire et des propos *moqueur*.
● Une coiffure et une robe *coquet*.
● Un plat et un dessert *oriental*.
● Un citron et une orange *acide* et *juteux*.

5 *Même consigne.***

● Une pêche et un abricot *sucré*.
● Un bourg et une ville *éloigné*.
● Des garçons et des filles *turbulent*.
● Une femme et un homme *matinal*.
● Une mangue et un ananas *délicieux*.
● Un agriculteur et un berger *provençal*.

ORTHOGRAPHE

Le son [z]

bizarre, rose

L'enfant protégé des fées (2)

Quand le roi, qui avait le cœur méchant, apprit la prédiction, il en fut très irrité. Il s'en alla trouver les parents de l'enfant. Il prit un air tout à fait aimable et dit : « Pauvres gens, confiez-moi votre enfant, je veux me charger de lui. »

Les parents commencèrent par refuser trouvant la demande bizarre. Mais comme l'étranger leur offrait une grosse somme, ils se disaient : « C'est un enfant de la chance, cela ne peut que tourner bien pour lui. » Ils réfléchirent une deuxième fois et finirent par accepter de lui confier l'enfant.

1. *Quels sont les mots du texte qui contiennent le son [z] ?*
2. *Quelles sont les trois graphies de ce son ?*

Le son [z] peut s'écrire :

- **z** → *bizarre, zéro, gaz, onze.*
- **s** entre deux voyelles → *refuser – disaient.*

⚠ On écrit *deuxième, sixième.*

1* *Complète avec s ou z.*

du bron…e • la bi…e • l'hori…on • le …oo • du poi…on • un vi…age • le ba…ar • une chanteu…e.

2* *Classe les mots dans le tableau.*

- s-	- z-
....	....

une gazelle - la rizière - une rose - amusant - un oiseau - le trapèze - le chimpanzé - arroser - le hasard - le désert - seize - le zoo.

3* *Continue jusqu'à neuf suivant l'exemple.*

un → *premier* ; *deux* → *deuxième* ; *trois* → …

4* *Même consigne pour les nombres de 10 à 15.*

5 *Sur le modèle, transforme ces groupes nominaux :***

un chat gris → *une souris grise*

• Du gazon *ras* • Le couvert *mis* • Un garçon *assis* • Le prince *surpris* • Ce *mauvais* médicament.

6 *Choisis entre les deux propositions.***

• Une maison en Afrique :
la case - la casse.
• C'est dangereux pour la santé :
le poisson - le poison.
• Immense étendue de sable :
le dessert - le désert.

7 *Complète chacune de ces phrases avec un mot contenant le son [z] écrit z.***

• Le … est une sorte de cheval qui a des rayures blanches et noires. • On voit parfois de petits … se chauffer au soleil sur les murs de notre maison. • J'ai fait … faute à ma dictée. • Angèle a une cuisinière qui fonctionne au … et à l'électricité. • Joseph tond sa pelouse avec une tondeuse à … .

8 *Dans ton dictionnaire, choisis trois mots commençant par la lettre z et emploie-les dans une phrase.***

CONJUGAISON

Le présent des verbes pouvoir, vouloir et savoir

L'enfant protégé des fées (3)

Le roi mit l'enfant dans une petite boîte et partit à cheval avec lui, jusqu'au bord d'une eau profonde. Alors il y jeta la boîte en se disant : « Je veux débarrasser ma fille de ce prétendant. Je sais qu'il ne peut être digne d'elle. »
Mais la boîte n'alla pas au fond, elle vogua comme un petit bateau et pas une goutte d'eau ne pénétra à l'intérieur. Elle navigua ainsi jusqu'à deux lieues de la capitale du roi, où se trouvait un moulin, au barrage duquel elle resta accrochée. Un jeune meunier, qui heureusement se trouvait là, l'aperçut. Il la tira à lui à l'aide d'un harpon persuadé qu'il venait de trouver un grand trésor.

1. Quel est l'infinitif des verbes soulignés ?
2. À quel groupe appartiennent-ils ? À quel temps sont-ils conjugués ?

pouvoir		vouloir		savoir	
je	peux	je	veux	je	sais
tu	peux	tu	veux	tu	sais
il/elle	peut	il/elle	veut	il/elle	sait
nous	pouvons	nous	voulons	nous	savons
vous	pouvez	vous	voulez	vous	savez
ils/elles	peuvent	ils/elles	veulent	ils/elles	savent

1* Classe les verbes conjugués dans le tableau.

pouvoir	vouloir	savoir	autres verbes
....	....	....	....

• Veux-tu venir avec moi ? • Ce stylo ne vaut pas très cher. • Nos camarades peuvent arriver d'un moment à l'autre. • Hugo ne sait jamais ses leçons. • Tu peux t'appliquer davantage. • Sais-tu faire ton exercice ? • Les auditeurs croient en sa parole. • Ces pâtisseries ne valent rien. • Quelqu'un veut-il m'aider ?

2* Conjugue au présent : vouloir un jouet *et* savoir s'en servir.

Je ...... un jouet et je ...... m'en servir.

3* Conjugue au présent : savoir nager *et* pouvoir traverser le fleuve.

Je ...... nager et je ...... traverser le fleuve.

4 Conjugue les verbes au présent.**

• Je *vouloir* ma balle ! • Tu ne *savoir* pas l'anglais. • Nous ne *pouvoir* pas soulever cette valise. • Il *pouvoir* pleuvoir cet après-midi. • Que *vouloir*-vous de moi ? • Vous n'en *pouvoir* plus ! • Ils *savoir* bien se défendre. • Nous ne *savoir* pas le secret de ces vieilles demeures. • Ce bois ne *vouloir* pas brûler.

5 Même consigne.**

• C'est ainsi, nous n'y *pouvoir* rien. • Je t'en *vouloir* de t'être moqué de moi. • Le maître en *savoir* long sur cette affaire. • Qui *pouvoir* le plus, *pouvoir* le moins. • Qu'est-ce que vous *vouloir* dire ? Je ne vous *vouloir* que du bien. • Cela n'est pas impossible, qui *savoir* ? • Elles ne *vouloir* pas de vos excuses. • Cet athlète réussira, car il en *vouloir* !

VOCABULAIRE

Les niveaux de langue

L'enfant protégé des fées (4)

Quand le jeune meunier ouvrit la boîte, quelle ne fut pas sa surprise en découvrant un beau poupon, tout frais et dispos.
« Ben zut alors, qu'est-ce qui fait là ce gosse ? Moi qui croyais avoir déniché un magot ! J'vais pas le remettre dans c'te boîte. Pas d'embrouille, je vais le refiler à mes maîtres. »
Il l'apporta ainsi aux maîtres du moulin et comme ceux-ci n'avaient pas d'enfants, ils s'en réjouirent et dirent :
« C'est Dieu qui nous l'a donné. »
Ils prirent bien soin de l'enfant trouvé et il reçut une très bonne éducation.

1. Quelle remarque peux-tu faire sur la manière de s'exprimer du jeune meunier ?
2. Comment s'expriment ses maîtres ? Quelle différence fais-tu ?

Selon les situations et les gens à qui l'on s'adresse, on s'exprime différemment. On appelle cela les niveaux de langue.

■ Le **langage soutenu** utilise des phrases correctes, un vocabulaire plus recherché.

■ Le **langage courant** est plus proche du langage oral.
Qu'est-ce qu'il fait là cet enfant ?

■ Le **langage familier** permet plus de libertés. On l'utilise pour faire parler certains personnages pittoresques dans les dialogues.
Qu'est-ce qui fait là ce gosse ? c'te boîte.

1* Classe les verbes suivants.

langage soutenu	langage courant	langage familier
....	....	....

baratiner, s'exprimer, parler
partir, filer, foutre le camp
manger, bouffer, se nourrir
roupiller, dormir, s'assoupir

2* Relie chaque expression familière au verbe ou à une expression de même sens.

Claquer des dents • • Résister
Arriver dans un fauteuil • • S'évanouir
Tenir tête • • Gagner sans difficulté
Tourner de l'œil • • Avoir peur

3 Récris ces expressions familières en langage soutenu.**

- Je casse la croûte.
- Il est grave.
- Grouille-toi un peu.
- Laisse tomber.

4 Indique entre parenthèses à quel niveau de langue appartiennent ces dialogues.**

- Vous allez la fermer ! Si vous la réveillez on aura l'air chouette !
- Qu'est-ce que j'ai dans le dos ? Deviendrais-je bossu ?
- Très bien, tu fais la mauvaise tête ?
- Elle joue bien, la vache !
- Le mensonge, j'aime pas ça.

5 Imagine ce que peuvent dire ces personnages.**

- Clotaire furieux s'écria : …
- Le président commença son discours : …
- Le malfaiteur, pris en train de voler le sac, protesta : …
- Le contrôleur demanda : …

VERS L'ÉCRIT

Identifier des personnages de théâtre

On identifie **chaque personnage** qui prend la parole par son nom, écrit généralement en caractères gras.

Les répliques sont les paroles prononcées par les personnages.

Les indications de scène en italique ou entre parenthèses précisent les gestes, les attitudes des personnages.

L'enfant protégé des fées

ACTE III SCÈNE II

Quelques années plus tard, le roi, surpris par un orage, se réfugie dans le moulin.

LE ROI. – L'orage se calme. Merci braves gens d'avoir accordé l'hospitalité à votre roi.

LE MEUNIER. – Sire, il faut remercier notre garçon ! C'est lui qui vous a aperçu au plus fort de l'averse.

LE ROI. – Ce grand gaillard est donc votre fils ?

LE MEUNIER. – Tout comme Sire ! Nous l'avons recueilli, il y a quatorze ans, dans une petite boîte contre l'écluse du moulin.

LE ROI. – Il y a quatorze ans ? Dans une petite boîte ? *(À son serviteur.)* Ce maudit enfant a survécu, mais cette fois-ci, je saurai m'en débarrasser. *(Au meunier.)* Accepteriez-vous que ce jeune homme porte un message de ma part à la reine ? Voici deux pièces d'or en récompense.

LE MEUNIER. – Bien volontiers, Majesté !

LE ROI, *écrivant, en aparté.* – Quand vous recevrez cette lettre, faites immédiatement tuer ce messager par vos gens. Cet ordre doit être exécuté avant mon retour ! *(Il ferme la lettre et la tend au fils.)* Voici jeune homme, et que Dieu vous accompagne !

D'après Grimm, *Le diable et ses trois cheveux d'or.*

1* *Voici la suite de la scène précédente. Indique qui parle en donnant des noms aux personnages.*

..... Voilà des heures que je marche dans cette forêt ! Je me suis trompé de chemin ! Je suis égaré. Il faut que je trouve un abri pour passer la nuit. *(Il aperçoit une lumière.)* Voici une chaumière. *(Il frappe, une vieille femme sort.)*

..... D'où viens-tu mon garçon et où vas-tu ?

..... Je vais porter un message à la reine.

..... Mon pauvre garçon, tu es ici dans un repaire de brigands ! S'ils te trouvent, je ne donne pas cher de ta vie.

..... Peu m'importe, je n'ai plus le choix, je suis épuisé et dans l'impossibilité d'aller plus loin. *(Il se couche sur un banc et s'endort. Entrent trois voleurs.)*

2 *Dans la suite de cet extrait, souligne le nom des personnages et écris entre parenthèses les indications de scène.***

Premier voleur. Rude soirée ! Les riches voyageurs sont de plus en plus rares.

Deuxième voleur. Apercevant le jeune homme. Quel est cet homme ? Que fait-il ici ?

La vieille femme. Ayez pitié de lui ! C'est un pauvre garçon égaré dans la forêt. Il a dans sa poche une lettre pour la reine.

Troisième voleur. Voyons ce que dit cette lettre. Il fouille dans la poche du jeune homme, trouve la lettre et la lit à haute voix. Quand vous recevrez cette lettre, faites immédiatement tuer ce messager par vos gens. Cet ordre doit être exécuté avant mon retour !

Premier voleur. Voilà une nouvelle preuve de la cruauté du roi !

Second voleur. Il faut faire quelque chose pour lui.

Troisième voleur. Je vais écrire une nouvelle lettre que je mettrai à la place de celle-ci. Il écrit.

Ce garçon m'a sauvé la vie. Qu'en remerciement, il lui soit donné ma fille en mariage. Que tout soit terminé avant mon retour ! Il remet la lettre dans la poche du jeune messager.

3 *Imagine la suite de cette scène : l'arrivée au château. Indique le nom des personnages et leurs répliques. Tu peux ajouter des indications de scène.***

GRAMMAIRE

Le complément d'objet direct

L'enfant sauvage (1) résumé

On avait trouvé un enfant quelque part dans l'Aveyron, trouvé ou plutôt capturé, comme une bête. Que faisait-il, seul, immobile dans ce coin désert ? Une meute de chiens l'avait rapidement encerclé, comme pour une véritable chasse à courre. Près de lui, on percevait sa respiration apeurée. Le petit sauvage était entouré de chiens hurlants et menaçants qui s'étranglaient au bout de leurs chaînes tant ils tiraient pour approcher. L'enfant ne bougeait pas, recroquevillé sur lui-même, n'osant même pas tourner la tête. Des pieds lourds martelaient le sol. Des voix s'élevaient :

– Tiens-le bon… Tiens-lui la tête !

– Retiens ton chien, il va le bouffer !

– Vite, vite, la corde !

1. Dans les parties de phrases soulignées :
– entoure le verbe,
– souligne le sujet,
– et mets une croix sous le complément.

2. Essaie de déplacer les compléments. Les phrases obtenues te semblent-elles acceptables ?

■ Le **complément d'objet direct** (COD), que l'on appelle parfois **complément essentiel**, est de construction directe (il est relié directement au verbe). Il ne peut être ni supprimé ni déplacé.

Des pieds lourds martelaient le sol.
verbe COD

■ Le complément d'objet direct est le plus souvent :
– un GN : *On percevait sa respiration.*
– un nom propre : *Il rencontra Goupil.*

1* Mets une croix sous les verbes et souligne les compléments d'objet direct (COD).

- Des sapins rabougris étirent leurs branches.
- Une lourde fatigue accable mes paupières.
- Les chiens tirent de lourds traîneaux.
- Le conducteur encourage ses sept labradors.
- La nuit tombée, le thermomètre marque quarante sous zéro.
- Les bêtes fournissent un suprême effort.

2* Mets une croix sous les verbes et souligne les compléments d'objet direct.

On lâchait chaque fois sept ou huit oiseaux : ils s'en allaient très loin, ils traversaient toute l'Europe, ils atteignaient parfois la mer Baltique. Là-bas, d'autres savants accueillaient ces oiseaux et annonçaient leur arrivée.

3 Complète les verbes avec un complément d'objet direct.**

- Au printemps, la fleuriste expose … .
- Chaque matin, les services municipaux balaient … .
- Après l'orage de grêle, les feuilles jonchent … .
- À la saison des vendanges, les grives picorent … .
- Une ampoule éclaire … .
- Le vent pousse … .

4 Souligne les COD et entoure le nom principal :** *Je vois le toit de notre maison.*

- J'entends le chant des oiseaux.
- De notre tente, je perçois le murmure d'une source.
- J'ai acheté un album de bandes dessinées.
- L'architecte a fait le plan de la maison.
- Les organisateurs récompensent le gagnant du concours.

5 Indique si les GN en italique sont des COD ou des sujets placés après le verbe.**

- Du rocher jaillissait *une source*. Les ingénieurs captèrent *cette source*.
- Les observateurs voyaient *une fumée blanchâtre*. De la cheminée s'élevait *la fumée blanchâtre*.
- Dans la vallée se produisit *une avalanche*. On redoutait *cette avalanche*.

6 Même consigne.**

- Les autobus ont *la priorité*. • Sur le lac, nagent *des cygnes*. • Avec la nuit, commença *l'inquiétude*.
- Un élève a levé *la main*. • Depuis ce matin tombe *une neige épaisse*. • Le comité des fêtes prépare *une belle cérémonie*.

ORTHOGRAPHE

Infinitif en -er ou participe passé en -é ?

L'enfant sauvage (2) résumé

Une fois l'enfant capturé, la presse s'empara de l'événement. Tous les journaux parlaient du « sauvage de l'Aveyron », et une foule se pressa d'un peu partout pour voir le sauvage. Le docteur Villeneuve, médecin brillant qui travaillait beaucoup sur le langage des sourds, était révolté par le sort réservé à ce malheureux enfant et décida une démarche auprès du ministre.
On l'ausculta, on testa son intelligence et l'illustre professeur Pinel déclara lui-même que le sauvage de l'Aveyron était idiot, qu'il n'était pas plus évolué qu'une bête et que rien ne pourrait changer cet état de fait.

1. *Quel est l'infinitif des cinq verbes soulignés ?*
2. *Lesquels sont des participes passés ? Lequel est un infinitif ?*
3. *Essaie de remplacer ces cinq verbes par prendre. Pour lequel est-ce possible ?*

L'**infinitif** et le **participe passé** des verbes du 1er groupe se prononcent de la même façon.
Pour savoir comment écrire leur terminaison, on peut les remplacer par un verbe du troisième groupe :
Il faut changer. → *Il faut prendre.*
Il a changé. → *Il a pris.*

1* ***Copie seulement les phrases dans lesquelles on peut remplacer le verbe souligné par prendre.***

• Il veut partager son gâteau. • Il a partagé sa pomme. • Son manteau est trempé. • Il se lève pour marcher. • Elle va couper des fleurs. • Elle a coupé du pain.

2* ***Donne le participe passé de ces verbes et emploie deux d'entre eux dans une phrase :***

essuyer - rayer - ranger - aimer - regarder.

3** ***Complète par -é ou -er.***

• Pouvez-vous aid… votre camarade ? • Maman aime plaisant… . • Émile a trouv… un couteau rouill… . • Il faut montr… ce travail soign… . • Il se précipite pour attrap… son chapeau que le vent fait roul… sur le trottoir. • Cette touriste a heurt… un passant press… .

4** ***Même consigne.***

• Il m'a fait tomb… . • Avant de travers…, il faut regard… des deux côtés. • Pour gard… longtemps ces plantes, il faut les arros… . • Ce monsieur âg… se fait ras… chez le coiffeur. • Ma grand-mère aime racont… des histoires du temps pass… . • Je voudrais apprivois… l'oiseau tomb… du nid.

CONJUGAISON

Le futur des verbes voir, aller et venir

L'enfant sauvage (3) résumé

Pourtant, en fin de compte, l'enfant fut confié au docteur Villeneuve, médecin-chef de l'Institution des sourds-muets de Paris. Touché par le cas exceptionnel de ce jeune sauvage, il fut autorisé à l'emmener avec lui dans la capitale pour l'accueillir comme un prince et en faire un être civilisé.

Le ministre déclara au docteur :
« Je prépare un arrêté vous confiant le sauvage. Vous aurez cent cinquante francs par an pour sa pension. Vous verrez à l'usage si la somme vous semble suffisante.
Une commission viendra examiner dans quelques mois les progrès enregistrés par l'enfant. Vous irez d'autre part vous mettre en contact avec l'Académie de médecine. »

1. *Quel est l'infinitif des verbes soulignés ?*
2. *À quel temps et à quelle personne ces verbes sont-ils conjugués ?*

voir		aller		venir	
je	verr**ai**	j'	ir**ai**	je	viendr**ai**
tu	verr**as**	tu	ir**as**	tu	viendr**as**
il/elle	verr**a**	il/elle	ir**a**	il/elle	viendr**a**
nous	verr**ons**	nous	ir**ons**	nous	viendr**ons**
vous	verr**ez**	vous	ir**ez**	vous	viendr**ez**
ils/elles	verr**ont**	ils/elles	ir**ont**	ils/elles	viendr**ont**

⚠ **1.** Au futur, tous les verbes prennent les mêmes terminaisons, mais le radical n'est pas toujours le même que celui de l'infinitif : *voir → verr- aller → ir- venir → viendr- tenir → tiendr-*
2. Tous les verbes de la famille de *venir* et *tenir* se conjuguent comme *venir*.

1* ***Conjugue au futur, à la première personne du singulier et à la première personne du pluriel :***
revenir - appartenir - maintenir - prévenir - parvenir.

2* ***Conjugue au futur, avec je, nous, elles :***
Aller chez vous et voir votre collection de timbres.

3* ***Conjugue au futur avec tu, il, vous :***
Revenir de bonne heure et aller faire les courses.

4** ***Écris les verbes au futur.***
• Petit poisson *devenir* grand. • Le Petit Chaperon Rouge *aller* voir sa mère-grand. • Vous *revoir* ce film avec plaisir. • Nous *tenir* tant qu'il le faudra. • Les forces de l'ordre *intervenir* si la manifestation tourne mal. • Nous ne *parvenir* pas à les rejoindre avant demain.

5** ***Conjugue.***

Verbe	Personne	Présent	Futur
aller	je ou j'	....	....
voir	vous	....	....
devenir	nous	....	....
contenir	ils	....	....

VOCABULAIRE

Sens propre, sens figuré

L'enfant sauvage (4) résumé

Le docteur Villeneuve se fixait pour mission de redonner à cet enfant un langage et des habitudes de vie qui pourraient l'intégrer ensuite dans la communauté de ses semblables.
Il lui faudrait sans doute beaucoup de patience pour arriver à quelques résultats et convaincre tous ceux qui l'avaient déclaré « idiot ».
De la patience et de la persuasion, il lui en faudrait beaucoup aussi pour convaincre madame Guéret. C'était une femme rangée, parfois dans les nuages, qui était à son service depuis des années et qui serait surprise de voir arriver cet enfant craintif et muet dans la maison.

1. *Quelle différence fais-tu entre ces deux expressions :* « L'avion est dans les nuages » *et* « Cet enfant est dans les nuages » *?*
2. *Cherche dans le dictionnaire le sens du mot « rangée ». Lui connais-tu un autre sens ?*

Un même mot peut avoir plusieurs sens :
- le sens propre est le sens habituel : *ranger ses livres.*
- le sens figuré utilise une image ou exprime une idée : *c'est une personne rangée : sage, raisonnable.*

1* ***Indique si chaque mot souligné est utilisé au sens propre (SP) ou au sens figuré (SF).***

- En période de pollution, l'air est irrespirable. Il est parti l'air de rien.
- Depuis quelques jours, mon petit frère est sage comme une image. Judith m'a montré une superbe collection d'images.
- Le président est un habitué des bains de foule. Les bains de mer commencent en juin.
- Il colle un timbre sur son enveloppe. En raison de sa conduite indisciplinée, Guy a une heure de colle.

2* ***Complète les phrases par ces mots (tu peux chercher dans le dictionnaire le sens des mots que tu ne connais pas).***

barre – baptême – bouteille – chat – beurre.

- C'était son premier vol en avion, le … de l'air s'est très bien passé.
- Fernand est épuisé, il a un coup de … .
- Mathieu s'est battu avec son camarade ; il est reparti chez lui avec un œil au … noir.
- Quand maman s'absente, mon petit frère fait une toilette de … .
- Mon oncle a vieilli, il a pris de la … .

3* ***Relie chaque expression au mot qui la complète.***

C'est facile comme tout, c'est vraiment du … •	• assiette
Il est frais comme un … •	• langue
Pourquoi ne dis-tu rien ? As-tu avalé ta … •	• gardon
Elle est malade en ce moment, elle n'est pas dans son … •	• gâteau

4** ***Cherche les noms d'animaux qui peuvent compléter ces expressions.***

- Être bavard comme une …
- Être malin comme un …
- Être muet comme une …
- Être bête comme un …

VERS L'ÉCRIT

Les dialogues de théâtre

L'enfant sauvage

TABLEAU III L'IDIOT

(Bureau-chambre du docteur Villeneuve.)

MADAME GUÉRET. – Tout nu ! Ici ! Un sauvage tout nu ! Je ne veux pas voir ça.

VILLENEUVE. – Allons, madame Guéret, soyez raisonnable. Il n'est pas question de sauvage tout nu. Il est question d'un malheureux capturé dans la forêt et traîné à Paris comme un animal de cirque. (...) Il faut tout préparer pour son arrivée, madame Guéret. Où allons-nous le mettre ? Où allez-vous le mettre ?

MADAME GUÉRET. – Dans l'écurie, sera au chaud. (...)

VILLENEUVE. – Pas d'écurie. Une chambre, une vraie chambre avec un lit, une cheminée pour avoir du feu, et même un seau hygiénique pour ses besoins !

MADAME GUÉRET. – Un seau ! L'est pas un prince tout de même.

VILLENEUVE. – Si, madame Guéret, nous devons l'accueillir comme un prince, un prince dont nous allons faire le roi de la création : un homme civilisé ! (...)

(L'enfant sauvage se roule par terre en criant, en proie à une violente crise de nerfs. Le docteur essaie en vain de le maîtriser.)

VILLENEUVE, *criant.* – Madame Guéret !... Madame Guéret, venez vite !... Madame Guéret, venez m'aider !... Il a une crise !

D'après Bruno Castan, *Le Babou ou l'Enfant sauvage*, Éditions Très Tôt Théâtre, 1991.

1. Combien de personnages sont identifiés en caractères gras dans cette scène ? Combien de personnages sont présents en réalité dans cette scène ? Comment le sais-tu ?

2. Qu'apprends-tu par les dernières indications de scène ?

3. Que penses-tu de la façon de parler de Mme Guéret ?

■ Les **dialogues de théâtre** sont écrits pour être joués.
Les indications de scène sont écrites au présent ou au participe présent.

Théâtre : (*Il prend une chaise.*) ou (*prenant une chaise*).
(prend : présent)

Récit : *Il prit une chaise.*
(prit : temps du passé)

■ Un récit ou une pièce de théâtre peuvent raconter la même histoire mais la façon de raconter est différente. Dans un récit par exemple, on décrit les lieux. Au théâtre, on les montre par des décors.

1* ***Transforme ces passages de récit en indications de scène.***

• Le fantôme descendit l'escalier. → ... • Le monstre se frotta les yeux. → ... • Elle prit un air menaçant. → ... • On sonna à la porte. → ...

2* ***Transforme ces dialogues de récit en dialogues de théâtre selon l'exemple ci-dessous :***

Blaise a dévissé la tête et a dit avec assurance : « La maîtresse est réparée. »

(Blaise dévisse la tête du robot.)
BLAISE, *avec assurance.* — La maîtresse est réparée.

• M. Quentin bondit de son fauteuil : « Les fantômes, ça me fait froid dans le dos. »

• Les chameaux en balbutiant dirent : « Mais enfin, tu voles, toi ! »

• Strega Nonna s'écria : « Tu vois ce qu'il te reste à faire, mange ces pâtes ! »

• On sonna à la porte. Le Père Noël ouvrit. C'était le facteur qui lui remit des lettres en lui disant : « Voici vos dernières commandes. »

3** ***Continue la scène de l'enfant sauvage. Précise ce que va faire le docteur.***

Le complément d'objet indirect

Le petit prince (1) résumé

Le petit prince n'avait ni parents ni famille. Il habitait une lointaine planète à peine plus grande qu'une maison. Un jour, il tomba amoureux d'une rose armée d'épines et il eut son premier chagrin d'amour. Toujours, il pensait à la rose. Alors, pour l'oublier, il décida de partir. On lui parla d'autres planètes et il alla les visiter. Pour son évasion, il profita d'une migration d'oiseaux sauvages.
C'est ainsi qu'il surgit, un jour, dans cette partie de vent et d'étoiles qu'est le désert. Il marcha longtemps dans les sables jusqu'au moment où il rencontra un aviateur tombé en panne dans le désert.

1. Dans les parties de phrases soulignées, entoure le verbe, souligne le sujet et mets une croix sous le complément.
2. Entoure le petit mot qui relie le complément au verbe.

■ Certains compléments d'objet sont reliés au verbe par un petit mot, le plus souvent **à** ou **de** (**d'**), que l'on nomme **préposition**.
On appelle ces compléments des **compléments d'objet indirects** (COI).
Il pensait à la rose.
verbe — préposition — COI

■ Le complément d'objet indirect est le plus souvent :
– un GN : *On lui parla d'une planète.*
– un nom propre : *On lui parla de Pluton.*

1* ***Souligne les COI et entoure la préposition qui les introduit.***

• Sébastien annonce à sa mère qu'il a bien réussi son exercice. • Élodie s'intéresse à ce jeu d'adresse. • En passant, le facteur parle à mon voisin. • On se souvient d'Amélie. • L'animateur donne un cadeau à la personne qui a gagné.

2* ***Complète avec la préposition qui convient.***

• L'arbitre annonce … la foule l'équipe qui a remporté le tournoi. • Ce résultat ne convient pas … tout le monde. • Le chien de traîneau obéit … son conducteur. • On a longtemps parlé … la victoire des tricolores. • Je ne me souviens plus … ma leçon.

3* ***Complète avec un complément d'objet indirect.***

• Nous jouons à … • Je me moque de … • La gardienne de l'immeuble s'occupe du … • La journaliste a parlé de … • Je rêve à …

4** ***Complète avec un complément d'objet indirect en choisissant la préposition.***

• Chaque jour, Louis téléphone …
• Nous profitons …
• Le médecin prescrit des soins …
• Vous souvenez-vous …
• Ce régime réussit …

5** ***Écris dans une colonne les COD et dans une autre les COI.***

• Nous avons observé l'éclipse du Soleil.
• Le concurrent se rend compte de son erreur.
• Notre école a participé à la finale du tournoi.
• Les enfants organisent une bataille de boules de neige.
• Avez-vous écrit à vos correspondants ?
• Pierre offre des fleurs à la maîtresse.

ORTHOGRAPHE

-euil- ou -ueil-

Le petit prince (2)

Le petit prince demanda :

– S'il vous plaît… dessine-moi un mouton…
Quand le mystère est trop impressionnant, on n'ose pas désobéir. Aussi absurde que cela me semblât à mille milles de tous les endroits habités et en danger de mort, je sortis de ma poche une feuille de papier et un stylographe. Mais je me rappelai alors que j'avais surtout étudié la géographie, l'histoire, le calcul et la grammaire et je dis au petit bonhomme (avec un peu de mauvaise humeur) que je ne savais pas dessiner. Il me répondit :
– Ça ne fait rien. Dessine-moi un mouton.

1. Copie le mot souligné.

2. Lis à haute voix ces trois GN :
la feuille, je cueille, l'orgueil.
Quel son ont-ils en commun ?
Observe comment il est écrit.

■ Après **c** ou **g**, on écrit **-ueil** :
cueillir - accueillir - écueil - cercueil - orgueil.

■ Après toutes les autres consonnes, on écrit **-euil** :
écureuil - cerfeuil - seuil - fauteuil.

1* ***Copie les noms, souligne -euil- ou -ueil- et entoure la consonne qui précède.***

le cerfeuil → *le cerf euil*
le chevreuil → ……
l'écueil → ……
l'accueil → ……
l'orgueil → ……
le seuil → ……
le deuil → ……

2* ***Complète par -euil ou -ueil.***

un portef…le	un tr…	une f…le
un cerc…	acc…lir	rec…lir
un éc…	un bouvr…	un acc…

3** ***Complète par euil ou ueil.***

• Cette année, la c…lette des champignons a été bonne. • On a tiré la voiture du fossé à l'aide d'un tr… . • Le chèvref...le embaume le jardin. • Je lis un rec… de poèmes. • Le bouvr… vit dans les bois.

4** ***Devinette : tu dois trouver des mots en euil ou ueil.***

• Plante aromatique cultivée au jardin : du cerf… . • Rocher à fleur d'eau, dangereux pour les navires : un é… . • Siège plus confortable qu'une chaise : un faut… . • On y met les morts : un cerc… . • Petit animal roux, à la queue en panache: l'écur… .

CONJUGAISON

Le futur des verbes en -dre et des verbes dire et faire

Le petit prince (3)

L'aviateur dessina donc un mouton avec sa caisse et il voulut en savoir plus long sur cet enfant mystérieux.

– D'où viens-tu mon petit bonhomme ?
Où est-ce « chez toi » ?
Où veux-tu emporter mon mouton ?
Il me répondit après un silence méditatif :
– Ce qui est bien, avec la caisse que tu m'as donnée, c'est que, la nuit, ça lui servira de maison.
– Bien sûr. Et si tu es gentil, je te donnerai aussi une corde pour l'attacher pendant le jour. Et un piquet.
La proposition parut choquer le petit prince :
– L'attacher ? Quelle drôle d'idée !
– Mais si tu ne l'attaches pas, il ira n'importe où, et il se perdra…

1. Quel est l'infinitif du verbe souligné ? À quel temps et à quelle personne est-il conjugué ?
2. Conjugue ce verbe à la première personne du singulier et du pluriel.
3. Conjugue à ces mêmes personnes les verbes dire et faire. Les terminaisons sont-elles identiques pour les trois verbes ?

dire		faire		prendre	
je	dir**ai**	je	fer**ai**	je	prendr**ai**
nous	dir**ons**	nous	fer**ons**	nous	prendr**ons**
ils/elles	dir**ont**	ils/elles	fer**ont**	ils/elles	prendr**ont**

1* *Relie pour former des phrases.*

Les garnements •	• dirons l'exacte vérité.
Vous •	• comprendrai l'énigme.
Tu •	• prendra la souris.
Mon chat •	• feront des bêtises.
Je •	• surprendrez vos parents.
Nous •	• ne diras pas un mot.

2* *Conjugue au futur, à la première personne du singulier.*

faire - dire - prédire - comprendre - surprendre - défaire.

3 *Écris les verbes au futur.***

- Je vous *dire* tout sur cette affaire.
- Au collège, tu *apprendre* des langues étrangères.
- Je *reprendre* volontiers du dessert.
- Tu ne *faire* pas de bruit.
- Nos amis *comorendre* les raisons de notre retard.
- Vous nous *apprendre* les dernières nouvelles.
- Nous *refaire* la même excursion avec plaisir.
- Vous nous *reaire* cette information.

4 *Même consigne.***

• Tu nous *dire* toute la vérité. • Vous *refaire* le même chemin. • Ces enfants *apprendre* l'anglais. • L'écrivain *relire* son livre. • Vous *redire* la même chose. • Ce sorcier *prédire* l'avenir. • Vous *comprendre* que je ne peux pas venir. • Ces événements nous *surprendre*.

5 *Conjugue le verbe entreprendre aux personnes et aux temps indiqués.***

présent	imparfait	futur
j'…	j'…	j'…
tu …	tu …	tu …
il/elle …	il/elle …	il/elle …

VOCABULAIRE

Le sens d'un mot par le contexte

Le petit prince (4)

– Bonjour, dit le renard.
– Bonjour, répondit poliment le petit prince, qui se retourna mais ne vit rien.
– Je suis là, dit la voix, sous le pommier...
– Qui es-tu ? dit le petit prince. Tu es bien joli...
– Je suis un renard, dit le renard.
– Viens jouer avec moi, lui proposa le petit prince. Je suis tellement triste.
– Je ne puis pas jouer avec toi, dit le renard. Je ne suis pas apprivoisé.
– Ah ! pardon, fit le petit prince.
Mais, après réflexion, il ajouta :
– Qu'est-ce que signifie « apprivoiser » ?
– Tu n'es pas d'ici, dit le renard, que cherches-tu ? (...)
– Je cherche des amis. Qu'est-ce que signifie « apprivoiser » ?
– C'est une chose trop oubliée, dit le renard. Ça signifie « créer des liens... ». (...) Tu n'es encore pour moi qu'un petit garçon tout semblable à cent mille petits garçons. Et je n'ai pas besoin de toi. Et tu n'as pas besoin de moi non plus. Je ne suis pour toi qu'un renard semblable à cent mille renards. Mais, si tu m'apprivoises, nous aurons besoin l'un de l'autre. Tu seras pour moi unique au monde. Je serai pour toi unique au monde...

Antoine de Saint-Exupéry, *Le Petit Prince*, © Éditions Gallimard.

1. Quel verbe est répété plusieurs fois par le petit prince et par le renard ?
2. Comment le renard explique-t-il ce mot au petit prince ?
3. Cherche le sens de ce mot dans le dictionnaire.
4. Quelle explication préfères-tu ? Pourquoi ?

On peut trouver **le sens d'un mot** sans l'aide du dictionnaire, grâce au **contexte**, c'est-à-dire grâce au sens général de la phrase ou de certains passages du texte.

Dans la phrase : « *Où as-tu pêché cette montre ?* » on comprend bien que *pêcher* ne veut pas dire *retirer de l'eau* mais *trouver.*

1* Devine le sens des mots soulignés.

- Pour le paiement de votre pain, vous êtes priés de faire l'appoint.
- Ils ont embarqué à bord d'un frêle esquif avec un vieux pêcheur.
- « Crac », « paf » et « boum » sont des onomatopées.

2* Même consigne.

- Pour préparer leur repas, les campeurs font leur popote sur un camping-gaz.
- Pierre emporte un quignon de pain pour son goûter.
- On nous a présenté tout un assortiment de hors-d'œuvre pour commencer le repas.

3 Recopie, pour chacun des mots, la phrase qui te permet le mieux de comprendre sa signification.**

tapage	Il n'aime pas le tapage.	Arrête de jouer du tambour, tu fais trop de tapage.
taquiner	Ne te fâche pas, j'ai juste dit cela pour te taquiner.	Il aime taquiner ses amis.
renforts	Les renforts sont arrivés ce matin.	Il faut des renforts pour arrêter l'armée ennemie.

VERS L'ÉCRIT

L'écriture poétique (1)

Un enfant a dit

Un enfant a dit
je sais des poèmes
un enfant a dit
chsais des poaisies

un enfant a dit
mon cœur est plein d'elles
un enfant a dit
par cœur ça suffit

un enfant a dit
ils en sav' des choses
un enfant a dit
et tout par écrit

si lpoète pouvait
s'enfuir à tir-d'aile
les enfants voudraient
partir avec lui

Raymond Queneau,
L'Instant fatal,

1. *Quelle ligne est répétée plusieurs fois dans le texte ?*

2. *Quel son revient le plus souvent en fin de ligne dans ce poème ?*

L'écriture poétique joue sur les sons, les rythmes et les images.

■ Chaque ligne s'appelle **un vers**. Un ensemble de vers s'appelle **une strophe**.

■ Les sons qui se répètent à la fin des vers se nomment des **rimes** :
dit, suffit, écrit...

1* ***Cherche dans un atlas, ou dans ton livre de géographie, des noms de ville. Compose une poésie pour dire ce qu'on peut faire dans chaque ville :***

À Marseille, je sommeille
À Limoges, je me loge ...

2* ***Cherche des prénoms dans un calendrier ou fais la liste des prénoms de tes camarades de classe. Compose une poésie pour offrir un cadeau à chacun :***

À Philippe, une tulipe
À Marina, un bon moka...

3** ***a. Trouve au moins deux mots qui riment avec chacun de ces noms d'animaux :***

un loup - un taureau - une coccinelle - une tortue - un poisson - un canari - une grenouille - un hamster.

b. Imagine une poésie avec les mots que tu as trouvés :

Mon loup est fou
Mon lapin pas malin...

4** ***a. Trouve au moins deux mots qui riment avec le nom de chacune de ces fleurs.***

le coquelicot - la marguerite - la violette - la pensée - la jacinthe - la jonquille.

b. Imagine une poésie avec les mots que tu as trouvés.

5** ***Choisis des mots qui te plaisent dans le dictionnaire. Trouve des mots qui riment avec eux et imagine une poésie :***

Crépuscule ridicule...

6** ***On peut dessiner avec les mots. Selon ce modèle, écris un court poème sur un animal.***

petit poisson qui tournes en rond;
petit poisson dis-moi ton nom;
petit poisson qui bouge,
petit poisson tout rouge,
petit poisson dis-moi ton nom.

60 Poésies, 60 Comptines, Centurion Jeunesse.

GRAMMAIRE

Le complément circonstanciel

Les vacances (1)

Le mercredi matin, Benjamin et Manu aiment se retrouver dans le square de leur quartier. Il n'y a pas trop de monde et sur un terre-plein, un peu à l'écart, ils peuvent jouer au football en toute tranquillité. Leurs casquettes posées au sol marquent les buts. Benjamin est gardien, Manu tire, puis ils changent de rôle. Aujourd'hui, il fait particulièrement chaud, l'été commence à s'installer et l'année scolaire s'étire en longueur dans l'attente des grandes vacances.

1. Classe les expressions soulignées :
– celles qui indiquent un moment (temps),
– celles qui indiquent un endroit (lieu).

2. Essaie de déplacer ces expressions dans les phrases ? Que peux-tu en conclure ?

■ Le **complément circonstanciel** indique les circonstances de l'action : le lieu (où ?), le temps (quand ?), la manière (comment ?), etc.

Le mercredi matin (quand ?), *Benjamin et Manu se retrouvent* *dans le square* (où ?).

■ On peut, très souvent, déplacer le complément circonstanciel à l'intérieur de la phrase :

Ils aiment se retrouver dans le square.

Dans le square, ils aiment se retrouver.

1* Souligne les compléments circonstanciels.

• Ce matin-là, l'enfant et le vieux labouraient au fond de la plaine. • Le laboureur travaillait en silence, sans efforts inutiles. • En automne, on commençait à brûler les herbes dans les jardins. • Dans une parcelle, des hommes courbés ramassaient des pommes de terre. • Dans le haut du champ, un vieillard poussait une charrue.

2* Même consigne.

• Au-dessus de sa tête, le ciel était sombre. • Tout d'un coup, Alice vit un point noir sur un nuage. • Dans le silence du soir, l'aigle poussait des cris aigus. • À ce moment, devant elle, un cavalier apparut. • Un peu plus loin, le cavalier s'arrêta. • Le cheval s'avança vers la rivière. • L'aigle se posa sur l'autre berge.

3 Indique pour chaque complément en italique s'il est complément de temps, de lieu ou de manière.**

• On m'a répondu *d'une façon désagréable*. • Ne marchons pas *sur la pelouse*. • *Mercredi prochain*, nous irons nous promener. • Le malade respire *avec peine*. • Il pleuvait, *ce soir-là*. • Les beaux jours reviendront *au printemps*. • *Sur son bateau*, le pêcheur prépare son filet. • Nous sommes rentrés à la maison, *à la tombée du jour*.

4 Ajoute à chaque phrase un complément circonstanciel de temps.**

• Hélène entendait les oiseaux. • Elle était sûre que la fauvette à tête noire allait quitter son nid. • Elle se trouva dans une sorte de champ qu'elle connaissait bien. • Elle continua ses recherches. • Elle découvrit des oisillons tombés d'un nid.

ORTHOGRAPHE

Les sons [ʒ] et [g]

jeu, objet, gigot, pigeon, guignol

Les vacances (2)

L'entraînement peut durer des heures, les joueurs semblent infatigables. Malgré sa petite taille, Manu est un redoutable buteur. Benjamin plonge à droite, le ballon entre à gauche !
Mais la chaleur les incite à faire une courte pause pour récupérer un peu, le temps de partager leur goûter. Manu donne la moitié de son pain au chocolat à Benjamin qui, en remerciement, lui tend sa boîte de coca.
« Tu as des projets de vacances ? » questionne Manu entre deux gorgées.
« Je crois que je vais être expédié une fois de plus chez mes grands-parents. Ce n'est pas la joie ! C'est un coin perdu et il n'y a personne de mon âge », répond Benjamin.

1. *Lis à haute voix les mots soulignés et classe-les : mots contenant le son [ʒ] et mots contenant le son [g].*
2. *Entoure les diverses graphies de [ʒ], de [g].*
3. *Quelles remarques fais-tu à propos des mots cageot, guida ?*

■ Le son [ʒ] s'écrit :
– **j** ou **g** devant **e** et **i** → *jeter, sage, gifle.*
– **j** ou **ge** devant **a, o, u** → *Julien, cageot.*

■ Le son [g] s'écrit :
– **gu** devant **e** et **i** → *guêpe, guider.*
– **g** devant **a, o, u** → *gare, Gustave.*

1* ***Classe les mots dans le tableau.***

On prononce [ʒ]	On prononce [g]
....	....

gifle - bague - girafe - guérir - gerbe - énergie - jeter - guidon - marguerite - bougie - guêpe - déguiser - genou - guitare - logement - guide - figue - gibier.

2* ***En fin de mot, le son [ʒ] s'écrit toujours -ge. Complète ces mots par le son [ʒ].***

le chauffa... - le sin... - le maria... - le pluma... - le froma... - le nua... - le villa... - le ju... .

3** ***Complète par j, g, ou gu.***

• L'horlo...e a sonné midi. • Le jardinier prépare un bouquet de ...iroflées. • Après une lon...e marche, on est fati...é. • Un vieux ...itan joue de la ...itare. • Au petit dé...euner, je bois du ...us d'oran...e.

4** ***Lorsque c'est nécessaire, ajoute e pour faire le son [ʒ].***

• Je donne à manger au cheval dans sa mang...oire.
• La g...irouette du clocher indique le nord.
• Victor a eu la roug...ole.
• On a servi un beau g...igot.
• Le navire est ancré au fond du g...olfe.
• En mars, le marronnier de l'école se couvre de bourg...ons.

5** ***Complète par j, ge ou g.***

• Nous plon...ons du plon...oir et na...ons dans la piscine.
• Le peintre badi...onne le mur du ...ara...e.
• ...érémy ...oue dans le ...ardin.
• Il ne boit ...amais d'oran...ade car cela lui donne des déman...aisons.
• J'ai pêché un ...ardon et un ...ou...on.

CONJUGAISON

Le passé composé des verbes du 3e groupe

Les vacances (3)

Manu en posant sa question a sa petite idée. En classe, le maître leur a déjà parlé des îles Chausey situées près de Granville et, depuis ce jour, un clan s'est constitué, on s'est renseigné et on ne rêve plus que de ces îles mystérieuses.
Manu ajoute : « Tu sais, Alexandre est allé se renseigner à propos des îles Chausey, il est venu nous en parler ; ce n'est pas si loin que ça ! Charlotte a même vu une photo sur une affiche touristique.
– Tu penses toujours à ton projet de camping ? Mais jamais nos parents nous laisseront partir seuls ! » dit tristement Benjamin.

1. Remplis ce tableau à l'aide des quatre verbes soulignés.

verbe	infinitif	groupe	temps	personne
....	....	....	....	....

prendre	dire	faire
j' ai pris	j' ai dit	j' ai fait
tu as pris	tu as dit	tu as fait
il/elle a pris	il/elle a dit	il/elle a fait
nous avons pris	nous avons dit	nous avons fait
vous avez pris	vous avez dit	vous avez fait
ils/elles ont pris	ils/elles ont dit	ils/elles ont fait
coudre	**craindre**	**vendre**
j' ai cousu	j' ai craint	j' ai vendu
tu as cousu	tu as craint	tu as vendu
il/elle a cousu	il/elle a craint	il/elle a vendu
nous avons cousu	nous avons craint	nous avons vendu
vous avez cousu	vous avez craint	vous avez vendu
ils/elles ont cousu	ils/elles ont craint	ils/elles ont vendu

1* Conjugue au passé composé, avec je, nous, ils les verbes :
courir - découvrir - comprendre.

2* Conjugue les verbes au passé composé.
Nous *prendre* votre commande. • Ils *connaître* des jours meilleurs. • Ma grand-mère *coudre* tous ses vêtements. • Vous *pouvoir* obtenir une place. • Ils *vouloir* venir chez nous. • Le ministre *recevoir* l'ambassadeur et *prendre* les mesures qui s'imposaient.

3 Conjugue au passé composé, aux troisièmes personnes du singulier et du pluriel, les verbes :**
acquérir - mentir - courir - dormir - vendre - prendre.

4 Construis une phrase avec chacun de ces verbes au passé composé :**
convaincre - craindre - conclure.

5 Complète avec les verbes au passé composé.**
- Les inondations *détruire* le vieux pont.
- La couturière *découdre* l'ourlet de la robe.
- Tu ne *soustraire* pas tes dépenses du total.
- Le faussaire *contrefaire* sa signature.
- Dans leur compte rendu, les élèves *décrire* leur centre de vacances.
- Marion *plaindre* son frère qui est tombé.

VOCABULAIRE

Jouer avec les mots

Qui suis-je?
C'est un oiseau qu'on ne voit pas
Mais quand il chante il dit son nom
le coucou

Qui suis-je?
Des plumes, nous en avons
Mais jamais nous n'écrivons
les oiseaux

Qui suis-je?
Nous faisons le tour des maisons
Mais jamais nous n'y entrons
les murs

Qui suis-je?
Je suis un porte-plumes.
l'oiseau

Qui suis-je?
Je suis un porte-feuilles.
l'arbre

Pierre Menanteau, *Mon Premier Livre de devinettes*, « Petite enfance heureuse », éditions de l'Atelier.

1. À quoi te font penser les présentations de ces cinq mots ?

2. Quelle différence fais-tu avec les définitions que tu pourrais trouver de ces mots dans ton dictionnaire ?

Les mots en poésie sont comme les couleurs en peinture. Ils te permettent toutes sortes d'assemblages et de combinaisons originales ou drôles.
L'oiseau est un porte-plumes
L'arbre est un porte-feuilles

1* Les images originales

Trouve une image pour présenter de manière originale chacun des mots.

un nuage → *du coton dans le ciel*
le soleil – la pluie – la mer – le printemps – l'hiver.

2* Les associations originales

En t'inspirant de ces exemples, ajoute un verbe inhabituel à chaque nom.

Mon cœur pleure.
La lune sourit.
Les oiseaux bavardent.
Les mots …
La rivière …
Ma tête …
Ma main …
Le vent …
Mon ombre …

3** Les sens d'un mot

Sur le modèle du mot « vent », joue avec les différents sens du mot « air ».

Nez au vent, je vais au vent. Je suis dans le vent car ce que je dis n'est pas du vent.

4** Les homonymes

Joue avec les homonymes.

Voilà un page à la page !
balai, ballet →
maux, mots →
date, datte →

5** Le carré poétique

En assemblant les mots de toutes les manières possibles, trouve des associations originales.

L'oiseau de lune se joue de la poussière de nuages.

oiseau
nuage
poussière
lune

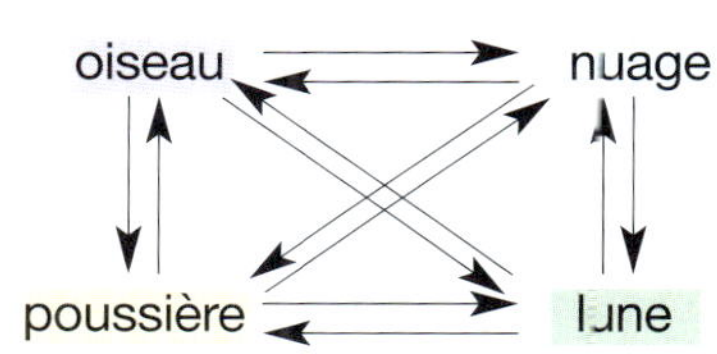

L'écriture poétique (2)

René Magritte (1898-1967),
Le Montagnard, huile sur toile,
0,74 x 0,50 m. Collection particulière.

Mots tordus

Jouer : Le mois de jouer est le premier mois des vacances. Après viennent le mois doux, puis le mois de s'étendre.
Signal des larmes : Le signal des larmes est un moyen mis à la disposition de tous les enfants-bébés. Dès que le signal des larmes est déclenché, les parents s'arrêtent net et s'occupent immédiatement des besoins du bébé. (...)

Pef, *Dictionnaire des mots tordus*, © Éditions Gallimard.

Le verlan des oiseaux

choucas
cachou

corbeau
beau corps

mésange
ange mais

goélands
lents égaux

fou de Bassan
ouf de samba

coucou
coucou

Michel Besnier,
Verlan des oiseaux,
« Pommes Pirates
Papillons », éditions
møtus 1995.

Mots-valises

Rhinoféroce : gros mammifère cornu, extrêment dangereux et cruel pour peu qu'il ait la goutte au nez.
Éléphantôme : pachyderme serviable qui se couvre d'un long drap blanc pour effrayer l'un de ses compagnons et le guérir de son hoquet.

Alain Finkielkraut, *Fictions et Cie*, Le Seuil, 1979.

Max Ernst (1891-1976), *L'Éléphant Célèbes,* huile sur toile,
Londres, The Tate Gallery.

*Un oiseau
qui mange trop
de granulé
devient
gras
nul
et laid.*

1* **a. Fabrique des mots tordus avec les expressions.**

brosse à dents
coup de chapeau
cheveu sur la langue
clair de lune
ver de terre
bateau à voile

b. Imagine les définitions pour les trois mots tordus que tu préfères.

2** **Confectionne des mots-valises à partir de chacun des mots indiqués. Il te suffit de chercher dans le dictionnaire des mots qui commencent par la dernière syllabe du mot de départ.**

de<u>mi</u> cor<u>beau</u> toré<u>ador</u> nénu<u>phar</u>

3** **Imagine une définition pour le mot-valise que tu préfères.**

4* **a. Confectionne des mots-valises à partir des groupes de mots suivants.**

tapis/pilote
château/torrent
chocolat/lapin

b. Pour chaque mot-valise, invente une définition sur le modèle d'Alain Finkielkraut.

5** **Imagine un court poème à partir de mots tordus ou de mots-valises.**

Évaluation 5

1. Sais-tu accorder les adjectifs ?

Écris correctement les adjectifs.

Des sentiers *étroit* et *tortueux* mènent à la rivière. Cette rue et ce boulevard sont bien *calme*. Les *nouveau* locataires semblent très *aimable*.

2. Sais-tu reconnaître si un complément est direct ou indirect ?

Souligne de couleurs différentes les COD et les COI.

Ce tableau plaît beaucoup à mes amis. Ce commerçant offre des cadeaux à ses clients. Le Petit Chaperon Rouge apporte une galette à sa grand-mère.

3. Sais-tu distinguer les compléments d'objet et de circonstance ?

Souligne de couleurs différentes les compléments d'objet et les compléments de circonstance.

J'arrachai, d'un coup sec, trois pages du cahier. Avec une vieille plume, je recopiai ma belle lettre. Le soir, dans mon lit, je relus le message. Je rallumai ma lampe. J'écrivis l'adresse sur l'enveloppe.

4. Sais-tu quand il faut terminer les verbes du 1er groupe par -er ou -é ?

***Complète par* -er *ou* -é.**

• Je vais essay… d'apprivois… le petit renard que j'ai trouv… et qui était abandonn… . • La pluie a fait rouill… les volets de fer.

5. Sais-tu écrire euil ou ueil ?

***Complète avec* euil *ou* ueil.**

Le chevr… - un rec… - un acc… - la c…llette - le cerf… .

6. Sais-tu écrire les sons [ʒ] et [g] ?

***Complète par* g, ge, j *ou* gue.**

un …ambon - un …endarme - une …êpe - le …ouvernement - un plon…on.

7. Sais-tu conjuguer au présent les verbes du 3e groupe ?

Écris au présent.

L'élève *savoir* parfaitement ses leçons. • Je ne *pouvoir* pas venir cet après-midi. • *Vouloir*-vous nous accompagner au musée ? • Ces personnes *vouloir* absolument ce livre. • Tu *savoir* où mène cette route.

8. Sais-tu conjuguer au futur les verbes du 3e groupe ?

Écris au futur.

• Tu *apprendre* ta leçon. • Je *revoir* ce film avec plaisir. • Vous *aller* jusqu'au prochain carrefour et vous *revenir* aussitôt. • Nous *dire* la vérité.

Évaluation 5

9. Sais-tu conjuguer au passé composé ?

Écris au passé composé.

● Les journaux *démentir* cette rumeur. ● Les sinistrés *percevoir* une indemnité. ● *Voir*-vous l'exposition des voitures anciennes ? ● Quelqu'un *venir* en votre absence. ● Elles *aller* chercher leur oncle.

10. Sais-tu trouver des mots précis ?

Trouve un verbe précis correspondant à ces définitions.

Parler très fort
Manger beaucoup
Regarder en détail
Faire voir quelque chose
Trop parler

11. Sais-tu faire la différence entre sens propre et sens figuré ?

Indique dans chacune des phrases si le mot souligné est utilisé au sens propre ou au sens figuré.

Marie est souvent dans les nuages. Bébé prend son bain. Cédric a un cheveu sur la langue. Aujourd'hui, je ne suis pas dans mon assiette. La mode est aux cheveux courts.

12. Sais-tu trouver le sens d'un mot par le contexte ?

Devine le sens des mots soulignés et définis-les brièvement.

● Sa lettre porte la date du 26 août. ● Ces dattes de Tunisie sont très sucrées. ● L'hôte les accueillit et les conduisit à leur chambre. ● Les pêcheurs ont ramené un saint-pierre dans leur filet. ● Les alpinistes égarés ont été retrouvés grâce au flair d'un saint-bernard.

fais ton évaluation

	Je corrige chaque exercice	Je colorie une case par bonne réponse 1	2	3	4	5	Si j'ai moins de 3 cases coloriées, je fais les exercices de révision p. 153 et 154
GRAMMAIRE	1. Accorder les adjectifs						1
	2. Reconnaître les compl. dir. et indir.						2 et 3
	3. Distinguer les compl. d'obj. et de circons.						4
ORTHOGRAPHE	4. Écrire la terminaison en -er ou -é ?						5
	5. Écrire euil ou ueil						6
	6. Écrire les sons [ʒ] et [g]						7
CONJUGAISON	7. Conjuguer au présent les v. du 3e gr.						8
	8. Conjuguer au futur les v. du 3e gr.						9
	9. Conjuguer au passé composé						10
VOCABULAIRE	10. Trouver le mot précis						11
	11. Faire la différence entre sens propre et sens figuré						12
	12. Trouver le sens d'un mot (contexte)						13 et 14

Révision 5

1

Écris correctement les adjectifs.

● Les privilèges *royal* n'existent plus. ● Les plantes *carnivore* mangent des insectes. ● J'ai choisi des laines *doux* et *blanc*. ● Elle raconte des histoires *banal*.
● Nous avons pris les plus *beau* chatons.

2

Indique si le GN en italique est un complément d'objet direct ou un sujet inversé.

● En se relevant, Lili vit *un garçon de son âge*. ● Elle ramassa vivement un *magnifique lézard*. ● De la fente du rocher, coulait doucement *un filet d'eau*. ● Dans sa poche, Lili prit *un petit tube de roseau*. ● Haut dans le ciel, tournoyait *un épervier*.

3

Complète les phrases.

sujet + verbe	complément direct	complément indirect
Frédéric offre	....	à sa mère.
La fermière donne	du grain	.. ..
Cet artisan sculpte	....	en pierre.
Nous chauffons	l'appartement	.. ..

4

Remplis le tableau avec les compléments en italique.

compléments d'objet	compléments circonstanciels
....	....

Au fond des bois vivait une jeune biche. *Chaque jour*, la biche admirait *son bébé*. *Après plusieurs semaines* le jeune faon accompagna *sa mère dans la forêt*. La mère lui montrait avec douceur *toutes les choses* qu'il ne connaissait pas.

5

***Complète par* -er *ou* -é.**

● Tandis que je lisais sur le banc, un de nos chats a commenc... à jou... avec une souris. ● J'avais peur, je me suis lev... pour all... près de mon chien. ● L'âne refusait d'avanc... et faisait tout ce qu'il pouvait pour empêch... les autres de pass... .

6

***Complète avec eu**il **ou** ueil.*

● Le facteur se tient sur le s... . ● L'org... est un vilain défaut. ● Les c... leurs ont fini de ramasser les olives.
● En automne, les f...les des arbres tombent.

7

***Complète par* j, g, ge, gu.**

le ...idon - un plon...on - une an...ine - la fati...e - un su...et - une fi...e - ...aloux - un villa...ois - un wa...on - obli...atoire.

8

Écris les verbes au présent.

● Nous *savoir* exactement ce qu'il faut faire.
● Il *pouvoir* s'exprimer en anglais.
● Quel gourmand, il *vouloir* encore des bonbons !
● *Savoir*-tu où je *pouvoir* trouver cet ouvrage ?

Révision 5

9

Complète au présent.

verbe	je	elle	nous
pouvoir	....	....	....
vouloir	....	....	....
savoir	....	....	....

10

Écris les verbes au futur.

● Tu *repeindre* la grille du jardin. ● Nous *conclure* la paix. ● Vous *conduire* avec p'udence.
● Tu *maintenir* la température aux environs de vingt degrés. ● Ils nous *prévenir* de leur retard. ● Il *aller* au théâtre.

11

Écris les verbes au passé composé.

● Nous *répondre* « présent ! » ● La maîtresse *permettre* de sortir en récréation. ● Nous *aller* en vacances en Suède. ● Ils *parvenir* à maîtriser l'incendie.
● J'*comprendre* cet exercice.

12

Trouve le mot précis correspondant aux définitions.

Faire des compliments exagérés : …
Rester à la surface de l'eau : …
Exagérer en parlant de ce qu'on sait faire : se …
Très beau : …

13

Écris une phrase en employant chacun des mots au sens propre puis au sens figuré.

effacer - boule - fleur - baguette.

14

Sans chercher dans ton dictionnaire, trouve le sens du mot* pavillon *tel qu'il est employé dans chacune de ces deux phrases. Dessine ce qu'il désigne dans les deux cas.

Dans la banlieue verdoyante, les gens habitent souvent des pavillons individuels.
Le navire hissa son pavillon pour montrer qu'il était de nationalité française.

15

Trouve un verbe original pour compléter chaque groupe sujet.

La mer …
Le ciel …
La maison …
La page …
Les murs …

Dictées

DICTÉES	AUTO-DICTÉES
À l'école des animaux À l'école des animaux, le singe a l'alphabet à apprendre, mais il préfère regarder un arbre par la fenêtre. Le jaguar a une phrase à écrire, mais il aime mieux raconter une histoire à l'éléphant.	Autrefois près du village au bord du fleuve vivait un jaguar très rusé.
Un robot de rêve Vive mon bon robot ! Il réalise tous mes souhaits. J'appuie sur un bouton : il dessine mon portrait ; sur un autre, il apprend la leçon à ma place. Il sait aussi rendre la monnaie. Hélas, il n'existe que dans mes rêves…	Lazare s'est mis à quatre pattes pour étudier le robot puis il a tourné deux petits boutons.
Au royaume des piranhas Un coup de sabre a frôlé l'ouïe du féroce général et lui a enlevé une nageoire. Il est furieux et fuit. Inutile de lui mettre les points sur les *i* et de lui montrer le chemin ; il sait où est l'abri de son armée.	Chaque nuit un nouveau piranha disparaissait. Si bien qu'un beau matin ils n'étaient plus que trois.
Le fantôme du taureau Le fantôme d'un vieux taureau flotte la nuit au-dessus du chapiteau du cirque et joue des farces aux autres animaux. Il trouble le repos du héron et fait grogner l'ourson qui croit entendre son galop.	Je me suis précipité dans ma chambre alors que le fantôme se dirigeait lentement vers la cuisine.
Le monstre à trois yeux « Pourquoi les monstres ont-ils trois yeux ? demande le petit garçon. - C'est pour mieux te voir, répond le monstre. Si on joue à cache-cache, je suis sûr de gagner. »	Le pauvre monstre ne pouvait plus retenir sa colère. De grosses larmes coulaient de ses trois yeux.
Le chameau cerf-volant Le vent emporte le chameau jusqu'à la grande cheminée. C'est là qu'il se réchauffe pour devenir sirocco. Alors, le chameau passe par toutes les couleurs et se transforme en cerf-volant.	Personne n'avait encore jamais vu de chameau volant. La surprise fut gigantesque.
Une grande curiosité La maison avec son caleçon à la fenêtre est dans un secteur où les habitations sont peu nombreuses. Les enfants observent la lucarne mais ils ne peuvent pas voir les détails ni l'intérieur de la pièce.	Tandis qu'ils observent les formes sombres de la lucarne, la vitre s'ouvre. Soudain, le caleçon disparaît à l'intérieur.
La mélancolie du vieux chasseur Le vieux chasseur a abandonné les bois depuis longtemps déjà. Ses yeux s'emplissent de larmes quand il voit les feuilles tourbillonner à l'automne. Il est encore plus triste quand il regarde passer les vols des oies sauvages.	La mésange a une aile endommagée. Malgré ses efforts incessants, elle ne peut reprendre son envol.

Dictées

DICTÉES | *AUTO-DICTÉES*

Une visite inquiétante

Harper n'est pas rassuré. Mais il pense que c'est peut-être un copain ou un collègue de son père. Au moment où retentit la troisième sonnerie, il oublie les recommandations de ses parents et ouvre la porte. L'inconnu lui paraît très grand. Mais cela doit être un effet de la lune.

La maison était en pleine campagne : c'était l'isolement le plus complet. Quelle façon brutale de sonner !

On sauvera le petit sapin

Le rouge-gorge fera un nid dans le sapin et le maître de la sapinière n'osera pas le couper. Il faut faire vite. Ce ne sera sûrement pas du grand art mais nous aurons, ce soir, un brouillon de nid qui n'aura pas trop mauvaise mine.

Les arbres porteront des étoiles sur leurs branches, auront des fils d'argent longs et brillants et ruisselleront de lumière.

Cher père Noël

Ma petite sœur n'arrive pas à faire une dictée sans faute. Apporte-lui un stylo qui lui épellera les mots à l'oreille. Elle t'en sera reconnaissante et s'en servira dès demain. Elle me le prêtera aussi de temps en temps et tu feras ainsi deux heureux.

J'ai été très gentille cette année et, franchement, je trouve que ça mérite une récompense.

Une invasion de mouches

Les pâtes ont envahi la ville et les mouches ont suivi. L'air résonne de leur bourdonnement. Le Grand Antoine s'écrie :

« Couvrez les pâtes ! Protégez-vous ! Ne quittez pas vos képis ! Apportez des couvercles ! »

Les habitants accoururent et, effectivement, ils virent le chaudron si rempli qu'il commençait à déborder.

Opération réussie

Les enfants ont imprimé leur journal et l'ont présenté à tous les voisins. Ils ont eu du succès. À la fin de la journée, trente journaux sont vendus. Les pièces de monnaie gonflent les poches des pantalons. Il y a de quoi remplir deux bocaux.

Maixent a posé sur ses genoux une boîte où il y avait des tas de lettres en caoutchouc.

La petite chèvre dans la montagne

La petite chèvre va et vient dans la montagne. Elle s'approche des falaises mais s'en éloigne aussitôt pour revenir vers l'herbe fine. Elle voit de loin sa bergerie et éprouve un peu de tristesse. Pourtant son désir de liberté est le plus fort.

Qu'elle était jolie la petite chèvre de monsieur Seguin ! Avec ses yeux doux, sa barbiche de sous-officier…

Ali Baba dans la grotte au trésor

Ali Baba commençait à être impressionné par les trésors qui s'offraient à sa vue. Il ne bougeait pas, mais s'arrangeait pour voir ce que contenaient les coffres. Des bijoux précieux, les métaux les plus rares étaient rassemblés en ces lieux.

Dans des sacs appuyés au mur, Ali Baba apercevait de grandes bourses de cuir remplies d'écus.

Dictées

DICTÉES

La corvée de bois

Avec le ronronge, la corvée de bois est un plaisir. Nous venons juste d'arriver et il a déjà coupé deux jeunes bouleaux. Maintenant il va grignoter la base d'un chêne. Cela suffira pour faire cuire l'épaule de mammouth prévue pour le dîner.

Le laboratoire du docteur M.

Sur des tables de marbre, d'innombrables récipients aux formes variées étaient alignés. Des brûleurs à gaz étaient prêts à chauffer des tubes remplis de liquides aux couleurs variées. Derrière la vitre d'un aquarium remuaient des formes vagues.

Les singes en alerte

Les singes craignaient la férocité de leurs adversaires. C'est pourquoi ils avaient protégé leur camp. Des filets de lianes, des remparts de branches étaient disposés pour empêcher une mauvaise surprise. Des sentinelles gardaient l'entrée.

Des parents bien éduqués

Il faut éduquer ses parents. J'ai bien dressé les miens. Le matin, ils me réveillent avec douceur. Ensuite, ils me servent au lit un petit déjeuner à vous faire rêver. Toute la journée, ils prennent soin de mon confort et font mille efforts pour m'être agréable.

L'enfant sauvage apprend à parler

Le docteur a accueilli le petit sauvage avec bonté et l'a mis en confiance. Maintenant, cet enfant écoute attentivement les sons du langage humain et commence à les répéter. Bientôt, il apprendra des mots et comprendra leur signification.

Le petit prince et la rose

Le petit prince a respiré le parfum de la rose mais il ne l'a pas cueillie. Il a pris sa tige entre ses doigts et a senti son pouls battre plus vite. Il a cru un instant qu'elle allait lui parler, mais elle est restée muette. Alors, il est parti tristement.

Aristide en pleine mer

En se réveillant, Aristide a vu l'eau tout autour de lui. Son matelas pneumatique flottait doucement sur une mer d'huile. Un canot est venu le secourir. En remerciement, il n'a pu prononcer qu'un balbutiement.

AUTO-DICTÉES

Nous vivons dans une grotte
très confortable, à flanc
de falaise, au bord du lac
de la lune.

Le docteur était fort
impressionnant, grand,
maigre, sec, le regard froid,
vêtu d'une blouse blanche.

Les singes s'épuisaient de
plus en plus, ils maigrissaient
et devenaient d'une humeur
massacrante.

Les fées se penchèrent sur
le berceau du petit garçon et
prédirent qu'il épouserait la
fille du roi.

Le petit sauvage était entouré
de chiens hurlants et
menaçants qui s'étranglaient
au bout de leurs chaînes.

Le petit prince n'avait ni
parents ni famille. Il habitait
une lointaine planète à peine
plus grande qu'une maison.

Aristide a enfilé à la hâte son
maillot de bain et a soulevé
son matelas pneumatique,
qui était plus grand que lui.

Conjugaison

	Présent		Futur		Passé composé	
Avoir	j'	ai	j'	aurai	j'	ai eu
	tu	as	tu	auras	tu	as eu
	il, elle	a	il, elle	aura	il, elle	a eu
	nous	avons	nous	aurons	nous	avons eu
	vous	avez	vous	aurez	vous	avez eu
	ils, elles	ont	ils, elles	auront	ils, elles	ont eu
Être	je	suis	je	serai	j'	ai été
	tu	es	tu	seras	tu	as été
	il, elle	est	il, elle	sera	il, elle	a été
	nous	sommes	nous	serons	nous	avons été
	vous	êtes	vous	serez	vous	avez été
	ils, elles	sont	ils, elles	seront	ils, elles	ont été
Chanter	je	chante	je	chanterai	j'	ai chanté
	tu	chantes	tu	chanteras	tu	as chanté
	il, elle	chante	il, elle	chantera	il, elle	a chanté
	nous	chantons	nous	chanterons	nous	avons chanté
	vous	chantez	vous	chanterez	vous	avez chanté
	ils, elles	chantent	ils, elles	chanteront	ils, elles	ont chanté
Finir	je	finis	je	finirai	j'	ai fini
	tu	finis	tu	finiras	tu	as fini
	il, elle	finit	il, elle	finira	il, elle	a fini
	nous	finissons	nous	finirons	nous	avons fini
	vous	finissez	vous	finirez	vous	avez fini
	ils, elles	finissent	ils, elles	finiront	ils, elles	ont fini
Voir	je	vois	je	verrai	j'	ai vu
	tu	vois	tu	verras	tu	as vu
	il, elle	voit	il, elle	verra	il, elle	a vu
	nous	voyons	nous	verrons	nous	avons vu
	vous	voyez	vous	verrez	vous	avez vu
	ils, elles	voient	ils, elles	verront	ils, elles	ont vu
Aller	je	vais	j'	irai	je	suis allé(e)
	tu	vas	tu	iras	tu	es allé(e)
	il, elle	va	il, elle	ira	il, elle	est allé(e)
	nous	allons	nous	irons	nous	sommes allé(e)s
	vous	allez	vous	irez	vous	êtes allé(e)s
	ils, elles	vont	ils, elles	iront	ils, elles	sont allé(e)s
Venir	je	viens	je	viendrai	je	suis venu(e)
	tu	viens	tu	viendras	tu	es venu(e)
	il, elle	vient	il, elle	viendra	il, elle	est venu(e)
	nous	venons	nous	viendrons	nous	sommes venu(e)s
	vous	venez	vous	viendrez	vous	êtes venu(e)s
	ils, elles	viennent	ils, elles	viendront	ils, elles	sont venu(e)s
Prendre	je	prends	je	prendrai	j'	ai pris
	tu	prends	tu	prendras	tu	as pris
	il, elle	prend	il, elle	prendra	il, elle	a pris
	nous	prenons	nous	prendrons	nous	avons pris
	vous	prenez	vous	prendrez	vous	avez pris
	ils, elles	prennent	ils, elles	prendront	ils, elles	ont pris
Faire	je	fais	je	ferai	j'	ai fait
	tu	fais	tu	feras	tu	as fait
	il, elle	fait	il, elle	fera	il, elle	a fait
	nous	faisons	nous	ferons	nous	avons fait
	vous	faites	vous	ferez	vous	avez fait
	ils, elles	font	ils, elles	feront	ils, elles	ont fait
Dire	je	dis	je	dirai	j'	ai dit
	tu	dis	tu	diras	tu	as dit
	il, elle	dit	il, elle	dira	il, elle	a dit
	nous	disons	nous	dirons	nous	avons dit
	vous	dites	vous	direz	vous	avez dit
	ils, elles	disent	ils, elles	diront	ils, elles	ont dit

	Imparfait	Impératif	Participe	
			présent	passé
	j' avais tu avais il, elle avait nous avions vous aviez ils, elles avaient	aie ayons ayez	ayant	eu (e)
	j' étais tu étais il, elle était nous étions vous étiez ils, elles étaient	sois soyons soyez	étant	été
	je chantais tu chantais il, elle chantait nous chantions vous chantiez ils, elles chantaient	chante chantons chantez	chantant	chanté (e)
	je finissais tu finissais il, elle finissait nous finissions vous finissiez ils, elles finissaient	finis finissons finissez	finissant	fini (e)
	je voyais tu voyais il, elle voyait nous voyions vous voyiez ils, elles voyaient	vois voyons voyez	voyant	vu (e)
	j' allais tu allais il, elle allait nous allions vous alliez ils, elles allaient	va allons allez	allant	allé (e)
	je venais tu venais il, elle venait nous venions vous veniez ils, elles venaient	viens venons venez	venant	venu (e)
	je prenais tu prenais il, elle prenait nous prenions vous preniez ils, elles prenaient	prends prenons prenez	prenant	pris (e)
	je faisais tu faisais il, elle faisait nous faisions vous faisiez ils, elles faisaient	fais faisons faites	faisant	fait (e)
	je disais tu disais il, elle disait nous disions vous disiez ils, elles disaient	dis disons dites	disant	dit (e)

Alphabet phonétique

(Signes nécessaires pour transcrire le français)

VOYELLES ORALES

Signe	Exemples
[a]	bal, roi, noyer
[ɑ]	bras, âne, poêle
[e]	été, chanter
[ɛ]	lait, je plongeais, pêche
[i]	mille, cygne, île
[ɔ]	bol, Paul, pomme
[o]	rôdé, seau, pot
[u]	loup, roux, cour
[y]	pur, lune, but, il eut
[œ]	beurre, fauteuil, œil, accueil
[ø]	feu, nœud, jeûne
[ə]	le, belette, lever

VOYELLES NASALES

[ɛ̃]	simple, examen, bain
[ɑ̃]	lent, paon, chant
[ɔ̃]	songe, plomb, lumbago
[œ̃]	un, emprunt, parfum

CONSONNES

[p]	paquet, épi, attrape
[b]	béret, abîme, snob
[d]	dire, Adèle, odeur
[t]	tas, attelage, vite
[k]	cou, barque, chœur
[g]	goût, agapes, aguerri
[f]	fou, affreux, effacer
[v]	vent, avenir, vert
[s]	saut, essai, laisse
[z]	zouave, roseau, raser
[ʒ]	je, joli, âge
[ʃ]	chat, lâcher, bêche
[l]	lire, délavé, vélo
[ʀ]	rire, hériter, arracher
[m]	mot, âme, lime
[n]	non, âne, débonnaire
[ɲ]	oignon, cigogne, lorgner
[ŋ]	camping, parking

SEMI-CONSONNES

[j]	œil, yeux, paille, lier
[ɥ]	puits, éternuer, suave
[w]	ouest, oui, toit

Table des illustrations

10	©	Globi Verlag *Globi l'ami des enfants*, R. Lips
15	©	SPRL Jean Roba - © Dargaud Bénélux
19	©	*Robert Junior* 1999
24		*Dictionnaire Maxi débutants* CE - CM © Larousse-Bordas 1997
26,27, 29	©	Éditions Hatier illustrations de Merel, extraites de Club Ratus
40-g	©	Acti-Vision avec l'autorisation de Disney Interactif, France
40-d	©	NESTLÉ FRANCE Document réalisé par l'Agence McCann Erickson Photographe : Adolfo Fiori
45	©	D'Arcy / Candia
46	ph ©	Danegger / Jacana
47-b	ph ©	Pilloud / Jacana
47-h	ph ©	Danegger / Jacana
48-h	ph ©	Nardin / Jacana
48-b	ph ©	Danegger / Jacana
49-h	ph ©	Soder / Jacana
49-b	ph ©	Schwind / Jacana
50	ph ©	Selva
53	©	Gérard Matthieu avec l'aimable autorisation de Disney Hachette Presse
55	©	SPRL Jean Roba © Dargaud Bénélux
60-h, m	©	Universal Press Syndicate, dist. par Dargaud
60-b	ph ©	Ausloos / La Photothèque SDP
85-b	©	Bayard Presse, from Astrapi HS juillet 1994, illustration de Bob Barborini
85-h	©	*Goûters et Fêtes enfantines*, coll. « Les petits chefs », Hachette Jeunesse
90	©	Mon quotidien - 1/12/1999 photo AFP
105	ph ©	Pratt-Pries / Diaf
115	 ©	Extrait de *TomTom et Nana* Bernadette Desprès, illustrations Jacqueline Cohen, J'Aime Lire 94, Bayard Jeunesse
130	©	SPRL Jean Roba - © Dargaud Bénélux
141, 142, 143, 144	©	Éditions Gallimard dessins de Saint Exupéry extraits de *Le Petit Prince* de Saint Exupéry
150-h	ph © ©	Photothèque René Magritte / Giraudon Adagp, Paris 2000
150-b	 ©	Photo Archives Hatier Adagp, Paris 2000

Couverture :
Conception graphique : Malte Martin.
Illustration : Yves Calarnou.

Conception graphique et mise en page : Graphismes.
Illustrations : Yves Besnier, Stéphanie Dallé-Asté, Benoît Debecker, Hervé Flores, Bernard Grandjean, Nicolas Hubesch, Pronto.
Calligraphie : Grégory Vincens.
Iconographie : Hatier Illustration.

Achevé d'imprimer par Grafica Éditoriale Printing.
Dépot légal n° 11 219 - Février 2000